# Hablar en Público

*Tips y Estrategias para Superar el Miedo a Hablar en Público y Dar un Discurso Poderoso*

**David Lopez**

© Copyright 2018 por David Lopez

Todos los derechos reservados.

El siguiente libro electrónico se reproduce a continuación con el objetivo de brindar la información más precisa y veraz posible. En cualquier caso, la adquisición de este libro puede verse como el consentimiento al hecho de que tanto el editor como el autor del mismo no son, de ninguna manera, expertos en los temas discutidos, y que cualquier recomendación o sugerencia que se haga aquí es solo con fines de entretenimiento. Se debe consultar a los profesionales en materia antes de llevar a cabo cualquiera de las acciones sugeridas en este texto.

Esta declaración se considera justa y válida tanto por el Colegio de Abogados de Estados Unidos (American Bar Association), como por la Asociación del Comité de Editores (Commitee of Publishers Association) y es legalmente vinculante en todo Estados Unidos.

Además, la transmisión, duplicación, o reproducción de cualquiera de los siguientes trabajos, incluyendo la información específica encontrada en los mismos, será considerado un acto ilegal, independientemente de si el acto se comete de forma electrónica o impresa. Esto se extiende a la creación de una copia secundaria o terciaria del texto, al igual que alguna copia grabada, y solo se permite con el consentimiento expreso y por escrito del Editor. Todos los derechos adicionales reservados.

La información contenida en las páginas siguientes es considerada ampliamente como una descripción precisa y veraz de los hechos y, por lo tanto, cualquier descuido, uso correcto o incorrecto de la información en cuestión por parte del lector será su responsabilidad, y cualquier acción resultante estará bajo su jurisdicción. Bajo ninguna circunstancia el editor o el autor original de este trabajo podrán ser responsables de cualquier adversidad o daño que pueda recaer sobre el lector luego de seguir la información aquí descrita.

Además, la información contenida en las páginas siguientes solo tiene fines informativos, y por lo tanto, debe considerarse de carácter universal. Como corresponde a su naturaleza, el material se presenta sin garantía con respecto a su validez o calidad provisional. Las marcas registradas encontradas en este texto son mencionadas sin consentimiento escrito y, bajo ningún motivo, puede considerarse como algún tipo de promoción por parte del titular de la marca.

# TABLA DE CONTENIDO

## HABLAR EN PÚBLICO ............................................................... 7
Los Cuatro Elementos de Hablar en Público ....................... 10

Breve Historia acerca de Hablar en Público ........................ 11

Hablar en Público en la Actualidad ..................................... 12

Eventos y Ocasiones ............................................................ 13

Ser Alguien Memorable ....................................................... 13

## MIEDOS y fobias ..................................................................... 16
Miedo .................................................................................... 16

Fobia ..................................................................................... 17

Tres Tipos de Fobias ............................................................ 18

Glosofobia ............................................................................. 19

## CAUSAS PRINCIPALES DEL MIEDO A HABLAR EN PÚBLICO ................................................................................. 21
Miedos Innatos ..................................................................... 22

Miedos Aprendidos .............................................................. 23

Miedos al Hablar en Público ............................................... 23

Asociación y Empatía .......................................................... 24

Crecimiento Gradual ........................................................... 24

## DESAPRENDIENDO TU MIEDO ........................................ 26
Los Miedos Aprendidos pueden ser Desaprendidos ............ 27

Mente sobre Materia ............................................................ 28

Reeducando Tus Respuestas ............................................... 29

Extinción del Miedo y Desensibilización ............................ 29

## TODO SOBRE EL PÚBLICO .......................................... 31
### El Público Quiere Que Tengas Éxito ........................... 32
### Cumpliendo con las Expectativas ............................... 33
### Inspiración ............................................................. 33
### Renunciando al Control ............................................ 34
### Creando un Enfoque ................................................. 35
### Si Te Agradan, Les Serás de Agrado ........................... 35
### Liberar el Estrés ..................................................... 39
### Energía Nerviosa ..................................................... 39
### Conoce Tus Límites .................................................. 41
### No Te Prepares en Exceso ......................................... 42
### Todo está en la Voz .................................................. 43
### Hazlos Reír ............................................................ 45
### Diles Algo Que No Sepan ........................................... 48
### Cuando Las Cosas No Salen Como Planeaste ................. 50

## TÉCNICAS EFECTIVAS PARA HABLAR EN PÚBLICO ............................................................. 53
### Humor .................................................................... 53
### Crear Usa Situación Donde Todos Ganan ...................... 54
### Momentos de Silencio ............................................... 54
### Errores .................................................................. 55
### Humildad ................................................................ 55
### Hablar con Propósito ................................................ 56
### Puntos Clave .......................................................... 57
### Brevedad ............................................................... 57
### Autopercepción ....................................................... 58
### Crear un Problema y Luego Resolverlo ........................ 58

Dar Ejemplos, una y otra vez... ............................................ 61
Mantener la Atención al Hablar en Público ........................ 63
## AYUDA Y SOPORTE ............................................................. 67
Amigos y Familiares ................................................................. 67
Clases para Hablar en Público ................................................ 68
Hipnosis ..................................................................................... 68
Toastmasters International ..................................................... 69
No Temas a la Pausa ................................................................. 70
El Secreto Mejor Guardado para Hablar en Público... .......... 72
## TODO EN CONJUNTO ............................................................ 75
Miedos y Fobias ........................................................................ 76
Estableciendo tu Estado Personal .......................................... 76
Evaluando tus Necesidades ..................................................... 76
Un Problema Universal ............................................................ 77
Respuestas Naturales ............................................................... 78
El Público Está de Tu Lado ...................................................... 78
## CONCLUSIÓN ......................................................................... 80
Aplicación Práctica ................................................................... 80
Utilizando Tu Conocimiento ................................................... 81
Utilizando Tus Recursos .......................................................... 81
Pasos para Superar Tu Miedo ................................................. 82
Práctica Reflexiva ..................................................................... 82
Técnicas de Relajación ............................................................. 83
Familiarizarse con el Proceso ................................................. 83

# HABLAR EN PÚBLICO

Cualquier guía para alcanzar el éxito en cualquier iniciativa o proyecto te dirá que no hay una fórmula mágica para lograrlo. Pero en muchos ámbitos de trabajo, parecen haber algunos "secretos internos". Y aceptar el reto de volverse un verdadero orador público es una ambición noble. Pero si pudieras aprender estos secretos internos que marcan la diferencia entre ser un orador bueno y uno excelente, esto te ayudaría a facilitar la transición.

La verdad es que existe un gran secreto sobre qué hace que los oradores que realmente brillan frente a un grupo sean tan geniales. Pero no estamos hablando de magia o algo que puedes tomar como una píldora y una hora más tarde estás listo para salir a deslumbrar a la multitud. Es un proceso muy simple que ya conoces muy bien. Se trata del clásico trabajo y preparación.

Cuanto más te prepares con antelación para una presentación, mejor podrás hablar en público. Ya conoces ese sentimiento de miedo que sientes al hablar frente a una multitud. Bueno, puede que no seas capaz de identificar el verdadero sentimiento que te afecta porque ¿quién puede pensar cuando se está muerto de miedo? Pero muchas veces, esa sensación aparece porque no estás completamente preparado, y no sabes qué hacer o cómo te irá porque la planificación no es tan buena como debería ser.

Si trabajas duro en tu discurso, esto hará toda la diferencia del mundo cuando te levantes para dar la presentación. Primero que nada, asegúrate de que el contenido cumpla con tus estándares. Tu discurso debe ser convincente y fascinante para ti. Y si esa presentación está llena de un material excelente, no sólo te fascina, sino que también estarás ansioso por subir allí y compartir lo que sabes con esa audiencia. Y ese entusiasmo por hablar es un sentimiento muy refrescante al reemplazar ese terror que sentiste cuando no trabajaste duro con antelación, y así asegurarte de que el material estuviera bien preparado.

Tu público también notará ese gran cambio de actitud. El entusiasmo es algo contagioso, y si te paras frente a ellos, apenas conteniendo tu emoción porque eso que vas a compartir es simplemente genial, estarán igual de ansiosos por escucharlo. Es como cuando alguien te dice: "Hey, ¿quieres saber un secreto?" E inmediatamente te mueres por escuchar ese secreto. Esa es la actitud que reconocerás en tu público cuando subas al podio, quien no sólo está dispuesto sino también entusiasmado, y contarles lo que hay en ese discurso.

Cuanto más estén en tu mente ese discurso y los detalles de la presentación, más confianza tendrás frente a la multitud. Si tienes esa presentación prácticamente memorizada, tan pronto empieces a hablar, observarás más a la audiencia y solo tendrás que echar un vistazo a tu discurso para mantenerte al tanto sobre el siguiente punto a tratar. Esa es una habilidad impresionante que debes desarrollar, y una gran ventaja al hablar frente a la multitud, porque conoces ese material de memoria y siempre tienes una meta a lo largo de tu presentación.

Tendrás que trabajar bastante para alcanzar ese nivel de confianza en tu material. Ensayar varias veces tu presentación ayuda mucho. Prepara una apertura dinámica que exponga el problema a las mentes de tu público, y luego procede a resolver ese problema. También conoce a profundidad la línea de navegación de tu presentación, y prepara transiciones de un punto al siguiente. Esto te ayudará a no quedarte atrapado en una parte del discurso y a no tener transiciones incómodas, lo cual provocará nervios en ti y en tus oyentes.

Para finalizar, planea el cierre de tu discurso. Hay una conclusión a la que quieres que llegue tu audiencia. Asegúrate de conocer todos los puntos importantes, y qué partes de tu discurso son "opcionales", que sólo están ahí para ejemplificar o para rellenar tiempo. Así podrás saber qué obviar si el tiempo se agota, y aún así podrás exponer tu punto y hacer un buen cierre. Si tu discurso tiene un buen contenido, entusiasmo, excelentes puntos para resolver el problema, y un cierre contundente, no solo lograrás sentirte bien al respecto, sino que tu público aplaudirá el trabajo realizado. ¿Y no sería esta una buena forma de terminar la experiencia de hablar en público para ti?

Hablar en público es simplemente el acto de hablar frente a un grupo de personas. El grupo puede ser bastante reducido, o increíblemente grande. En cualquier de los casos, muchas personas sienten que el proceso es abrumador.

Muchos consideran que hablar en público es un arte. Las presentaciones efectivas necesitan una forma de hablar con una inflexión adecuada, pausas y énfasis. Algunas personas parecen tener un don nato para la presentación oral, mientras que otras tienen más dificultad con este tipo de actividad.

Por supuesto, el talento natural es de gran ayuda. Sin embargo, hablar en público de forma eficaz se puede lograr con investigación y práctica constante. El arte de la presentación oral es uno que se puede dominar mediante persistencia y métodos adecuados.

Esta forma de comunicar también es una ciencia. Una presentación oral es más efectiva cuando está bien estructurada y tiene un propósito. Aquellos que aplican un enfoque científico con un sistema metódico, pueden hablar en público tan bien como los que tienen un talento natural.

Las presentaciones orales sirven para varios propósitos. Pueden entretener, pueden usarse para influir en otros, y pueden ser meramente informativas. El propósito del discurso estará muy relacionado con la forma en que el orador organizará sus pensamientos, información y componentes emotivos.

### *Los Cuatro Elementos de Hablar en Público*

Muchos creen que las personas usan máscaras diferentes según la ocasión. Cambiamos nuestros gestos de acuerdo al ambiente en el que nos desenvolvemos. Cuando se habla en público, también hay elementos que deben considerarse al momento de planificar bien la presentación.

El primer elemento de hablar en público es quién da la conferencia. El orador debe pensar cuidadosamente sobre la imagen que quiere proyectar al público. La belleza de este tipo de empresa es que puedes crear una persona que se adapte a tu presentación.

El segundo elemento es el mensaje. Es importante tener en cuenta la información que quieres presentar. El contenido es de mucho valor en cualquier presentación oral. Un tema bien organizado es una parte integral de cualquier evento de oratoria exitoso.

El tercer elemento a considerar es el método. ¿Dónde se dará el discurso? ¿Qué indicador se utilizará? ¿Habrá ayudas visuales y de sonido? ¿La presentación es formal, en una sala de conferencias, o informal?

El último elemento trata del propósito de la presentación. ¿Está diseñada para informar? ¿Hay algún valor de entretenimiento en el discurso? ¿Se supone que la presentación debe motivar e influir en la audiencia?

## Breve Historia acerca de Hablar en Público

El arte y la ciencia de hablar en público están profundamente arraigados en civilizaciones de todo el mundo. La palabra hablada es de gran valor, y lo ha sido durante siglos. Este modo fundamental de comunicación ha ayudado a la humanidad a progresar a través de los años.

Antes de que la escritura fuera incorporada como método de comunicación, las presentaciones orales tuvieron un rol de suma importancia. Muchas valiosas obras escritas sólo existían en la memoria, y fueron recitadas una y otra vez para que el disfrute del público.

La poesía evolucionó como un método necesario de memorización efectiva. Aquellos que creaban presentaciones orales e historias, preparaban rimas con palabras para hacerlas más fáciles de memorizar. Este útil dispositivo literario ha persistido a lo largo del tiempo hasta convertirse una forma de arte propia.

Con el paso del tiempo, la palabra hablada fue una gran influencia para varias civilizaciones. El discurso público, el debate y las discusiones tuvieron un efecto profundo en casi todos los aspectos de la vida. La religión, la política y el entretenimiento son sólo algunos ejemplos de áreas que dependen de las presentaciones orales.

### *Hablar en Público en la Actualidad*

Hoy en día, hablar en público sigue siendo una fuerza de impulso en muchos aspectos diferentes de nuestra vida cotidiana. Las presentaciones orales siguen informándonos, influenciándonos y entreteniéndonos. Dependemos del habla cuando para el trato más fundamental con los familiares, y también es un modo de conectarnos entre nosotros a nivel global.

Los avances tecnológicos han propiciado una comunicación efectiva a gran escala. En épocas anteriores, la palabra boca a boca podía tardar días, meses o incluso años en viajar con eficacia. La tecnología brinda diferentes formas de difundir el lenguaje hablado en todo el mundo y en un instante.

Gracias a algunos de los espacios en la actualidad para hablar en público, como las videoconferencias, el orador puede dar una presentación a cientos o hasta miles de personas sin tener que ver directamente a la audiencia. Las telecomunicaciones han abierto el paso para una comunicación efectiva a las masas, con poco o ningún contacto.

Sin embargo, algo se pierde en el proceso. El público puede ser una herramienta de mucho valor durante una presentación oral. La ausencia de este recurso provechoso puede dejar a algunos oradores desconcertados. Otros pueden pensar que hablar frente a una cámara es preferible a hablar con una audiencia en vivo.

## *Eventos y Ocasiones*

La entrega de tu mensaje se puede lograr mediante las telecomunicaciones. Es posible que te estés mirando fijamente un lente en blanco que no ofrece ningún tipo de reacción. Otras ocasiones, puedes tener que preparar un discurso estelar para un grupo de compañeros de trabajo.

Algunos eventos pueden necesitar que utilices tu habilidad para informar al público. Tu breve pero informativo discurso puede estar diseñado para transmitir un mensaje importante sobre temas de seguridad en el lugar de trabajo. O podrías estar a cargo de influir en un número de personas para que vote sobre un asunto determinado.

Otros eventos pueden ser más personales. Tal vez necesites dar un discurso inolvidable en la boda de tu mejor amigo. O quizás simplemente desees perfeccionar tus habilidades para comunicar tus pensamientos a tus amigos, seres queridos y colegas efectivamente todos los días.

## *Ser Alguien Memorable*

Decir que el ego no existe en una persona que habla en público con frecuencia, o para ganarse la vida, sería claramente una afirmación falsa. Pero para aquellos de nosotros que sólo practicamos esta actividad de vez en cuando, al ver a un orador que puede estar de pie en una sala con 30 personas o un auditorio de 3.000, y convertirse en el "dueño del lugar", realmente es una transformación asombrosa.

Imaginar cómo podrías llegar a ser alguien tan memorable es abrumador.

Sin embargo, cuando te paras a hablar frente a un grupo de personas, de muchas formas te conviertes en alguien memorable. Es porque estás haciendo lo imposible, lo que pocos se atreven a hacer. Estás conversando con docenas de personas a la vez. Ahora, sientas o no que estás teniendo esa conversación no es lo importante.

Si tu forma de hablar no es interactiva, es posible que no te des cuenta cuando el diálogo se lleve a cabo. Pero en la mente de cada persona en esa sala sienten que están interactuando contigo. Las palabras que pronuncias entran dentro ellos y los hace reaccionar. Pero más allá de lo que estás diciendo, cómo lo dices tiene un impacto todavía mayor.

Entonces, ¿hay algo que se pueda hacer para "ser" memorable? Bueno, hay algunas formas de comportarse frente a una multitud distintas a las empleadas en la vida cotidiana. Debemos aceptar que en el proceso desarrollarás una "personalidad escénica", diferente de tu personalidad diaria cuando hablas con un grupo. ¿Eso te hace un farsante? Para nada.

Ambas personalidades son parte de ti. Es solamente una parte de diferente a cuando te relacionas con un grupo y cuando lo haces en conversaciones individuales, y parece extraño porque esa parte sólo se muestra en el escenario. Pero no estamos hablando de algo a niveles del doctor Jekyll y el señor Hyde. Al igual que hablas con un niño de manera diferente que al hacerlo con un adulto, desarrollarás una forma de hablar frente a los grupo que difiere de tu habla con un individuo.

Parte de volverse memorable es aprender a la técnica que los oradores llaman "apropiarse del entorno". Es algo que suena egocéntrico y un tanto extraño, pero realmente funciona cuando estás a punto de hablar. Apropiarse del lugar simplemente significa que cuando estás frente a esa multitud, ya no son un grupo cualquiera de personas, son TUS espectadores.

Están allí para escucharte sólo a ti, y lo que tienes que decir es valioso para ellos. Si has llegado a tener problemas para manejar tu ego antes de pararte frente a esa audiencia, es mejor que seas consciente de ello y lo hagas un lado antes de dar tu discurso.

Debes asumir que la gente te adora cuando hablas frente a ella. Esto no significa que debes actuar como si fueras lo mejor del mundo. Pero sí significa que debes reconocer tu valor para este grupo de personas como orador, y que tus servicios son buscados y necesitados en ese lugar. De hecho, la única manera de ser un orador público eficaz es si aprendes a apropiarte de la sala.

Trata ese espacio como si fuera tu hogar, y estas personas están allí porque estar contigo es así de genial. Si enfrentas la situación con esa actitud, el público se convencerá, cederá el espacio, y se alegrará de que lo hayas tomado.

Puede parecer un poco extraño si ves cómo te conviertes en alguien memorable. Pero también puedes tener una actitud humilde al respecto, y simplemente reconocer que es parte del oficio de un gran orador. Y si ser bueno en este arte que debes presentar al mundo entero significa apropiarse de los espacios y actuar como alguien poderoso y memorable por alrededor de una hora, ¿por qué negar al mundo esa experiencia? Disfrútalo, y deja los demás lo disfruten también.

# MIEDOS Y FOBIAS

Aunque solo la idea de hablar frente a una multitud es abrumadora, es importante abrir un espacio para establecer una distinción clara entre los miedos y las fobias. Es probable que descubras que no es sólo miedo lo que sientes ante esta tarea. Si tienes una fobia, hay otras precauciones que debes considerar.

El miedo puede ser una emoción tan notoria que puedes sentirse confundido acerca de la posibilidad de tener una fobia. Después de profundizar en las semejanzas y diferencias, serás capaz de llegar a tus propias conclusiones. También puedes buscar ayuda profesional si sientes que realmente tienes una fobia.

### *Miedo*

El miedo es una emoción fundamental que tiene un propósito muy importante. Esta emoción en particular está diseñada para la supervivencia. Sin miedo, las personas pueden involucrarse en actividades demasiado peligrosas. La supervivencia de la humanidad estaría en riesgo sin esta vital fuerza emotiva.

A pesar de su naturaleza fundamental, el miedo es una emoción muy compleja que proviene de varias fuentes. Normalmente, esta emoción está conectada a nuestro ser para garantizar nuestra seguridad. La severidad del temor y la ansiedad asociados con este sentimiento varían de persona a persona.

El cuerpo tiene una respuesta notoria ante esta emoción. Nuestro cuerpo atraviesa cambios físicos cuando sentimos miedo. El sistema nervioso autónomo se pone en marcha acompañado de las glándulas suprarrenales. Con frecuencia, las personas pueden reconocer el miedo por las respuestas físicas que lo acompañan.

Temblores, tensión y respiración acelerada son síntomas comunes. El aumento de la frecuencia cardíaca, la sudoración y resequedad en la boca también pueden acompañar al miedo. La sangre fluye del cerebro a otras partes del cuerpo ya que la energía se puede aprovechar para correr o para enfrentar el desafío.

Dado que la sangre puede fluir del cerebro con bastante rapidez, algunas personas pueden experimentar mareos y desmayos durante experiencias de miedo extremo. La reacción de lucha o huida también suele activarse durante situaciones considerablemente terribles. Esta respuesta le dice al cuerpo cuando huir o protegerse a sí mismo utilizando la fuerza.

E miedo también es algo que se puede aprender. Expertos discuten sobre este tema y en qué medida esta emoción está naturalmente programada en nuestro cerebro para la supervivencia, y en qué medida se aprende. El entorno puede tener un rol importante en los miedos más intensos de una persona, pero no está claro cuánta de esta emoción se aprende, y cuánto de ella forma parte de la naturaleza del cuerpo humano.

## *Fobia*

Una fobia es un miedo muy específico que es excesivo. La

naturaleza irracional del miedo, acompañado de una respuesta injustificada, distingue esta condición de las típicas reacciones temerosas. Las fobias son relativamente comunes. En algunos casos sin embargo, pueden ser clasificadas como trastornos psicológicos.

Para que una condición se clasifique como trastorno, tiene que interferir con la capacidad del individuo para realizar sus tareas diarias con normalidad. Por ejemplo, una fobia a los lugares altos puede que no califique por sí sola como un trastorno. Una fobia a las alturas que impide que una persona camine hacia arriba y hacia abajo sí sería un trastorno.

## *Tres Tipos de Fobias*

Existen tres tipos básicos de fobias reconocidas bajo el Manual Diagnóstico y Estadístico de los Trastornos Mentales (DSM). Las fobias simples son miedos irracionales a objetos o situaciones. Las fobias sociales consisten en el miedo a las situaciones sociales, y la agorafobia es el miedo a verse atrapado en una situación o entorno.

- Fobias Simples

    Las fobias simples se presentan en una variedad de formas y pueden incluir casi cualquier objeto o situación. El individuo suele tener una sensación abrumadora de que necesita evitar estos objetos o situaciones. También reconoce que el miedo es irracional. Aquellos cuyas fobias entran en esta categoría no siempre buscan tratamiento para sus condiciones.

- Agorafobia
    Formalmente, la agorafobia se define como el miedo

a los espacios abiertos. Sin embargo, los estudios más recientes reconocen que las personas que tienen esta condición evitan salir de sus hogares porque temen sentirse atrapados. Se cree que la agorafobia se desarrolla como resultado de ataques de pánico. La persona tiene miedo de sufrir un ataque en lugares públicos o lugares en donde no se puede escapar.

- Fobias Sociales

   Las fobias sociales son completamente abrumadoras para el individuo que las tiene. Por supuesto, una persona con alguna fobia social se paralizaría ante la idea de hablar en público. El temor de ser juzgado o humillado públicamente dejaría al individuo incapacitado.

Las condiciones fóbicas son consideradas trastornos de ansiedad. Estas condiciones pueden tratarse con terapia conductual, medicamentos, o una combinación de ambos. Otras técnicas de tratamiento incluyen la exposición gradual a la situación u objeto (desensibilización) y visualizaciones.

## *Glosofobia*

Existen diferencias fundamentales entre los miedos y las fobias. Como se ha explicado, nuestros miedos son componentes necesarios para la supervivencia. A veces pueden parecer poco racionales, pero no interfieren con nuestra capacidad de funcionar normalmente todos los días.

En cambio, las fobias son persistentes, irracionales y excesivas. El mero pensamiento de estar en una situación específica o cerca de cierto objeto causa una ansiedad abrumadora. La principal diferencia entre el miedo y la fobia es la discapacidad.

Por ejemplo, una persona puede tener miedo de realizar una presentación oral y funcionar normalmente. La persona puede transpirar, temblar y perder su hilo de pensamiento, pero aún así puede presentarse en el evento. Hasta podría elegir no dar el discurso por miedo, pero todavía sigue teniendo todas sus capacidades.

La persona que sufre de glosofobia experimenta algo muy diferente. Sólo la idea de hablar en público da como resultado una ansiedad que lo consume todo. La angustia física es exhaustivamente incómoda, e incluye náuseas y sentimientos de pánico. Las personas con glosofobia evitan cualquier situación que pueda exigir una interacción verbal con cualquier grupo de individuos.

Las respuestas físicas de la glosofobia están estrechamente relacionadas con la reacción básica de huida o lucha asociada al miedo. El individuo experimenta ritmo cardíaco acelerado, aumento de la presión arterial, resequedad en la boca, y rigidez muscular. Los sentidos se intensifican, pero el individuo aún puede sentirse mareado y hasta desmayarse.

Algunas personas pueden desarrollar trastornos del habla en su intento por hablar en público. Estos incluyen balbucear y tartamudear. A algunos les puede resultar difícil articular palabras que, por lo general, no son un reto en situaciones comunes.

La glosofobia es una condición que está exclusivamente relacionada con hablar en público. Algunas personas pueden presentarse en público bailando o cantando, y aún así tener esta fobia social. La ansiedad por al hablar puede superarse en algunas situaciones si la persona se ve a sí misma como un actor, en vez de a sí misma mientras da la presentación.

# CAUSAS PRINCIPALES DEL MIEDO A HABLAR EN PÚBLICO

Para superar un miedo, es necesario reconocer las causas que lo originan. El miedo es una emoción importante que está diseñada para ayudarnos a protegernos. Algunas emociones están arraigadas en nuestro sistema para mantenernos fuera de peligro. Incluso el miedo a hablar en público puede tener su origen en la supervivencia.

Los miedos también pueden ser aprendidos. Podemos experimentar miedo en una situación determinada a través de nuestras experiencias. Algunos llegamos a sentirnos temerosos de un objeto o circunstancia cuando vemos que otros también lo temen.

Por supuesto, es obvio que una persona no se enfrenta una amenaza inmediata de daño cuando habla en público. Sin embargo, hay componentes en esa emoción que son naturalmente para la supervivencia. El miedo o ansiedad a hablar en público es uno complejo porque parece ser una combinación de instinto y aprendizaje. Lo que se desconoce es hasta qué punto influyen ambos.

## *Miedos Innatos*

El temor a hablar en público puede considerarse una respuesta natural a una situación social extenuante. Esa emoción negativa puede tener un propósito importante. Puede ser considerado como una forma de activar el modo supervivencia del individuo.

Algunos temores son innatos en el sistema humano. Nos ayudan a tomar las decisiones correctas que pueden protegernos del daño. Las reacciones de miedo son completamente naturales, a pesar de su impacto negativo en el cuerpo y la psique.

En esencia, el mensaje es que hay un peligro inmediato en el entorno. Naturalmente, sentimos miedo ante muchos indicadores de peligro. Algunos incluyen ruidos fuertes y alturas. Nuestros cuerpos reaccionan para hacernos conscientes de que se requiere alguna acción.

El miedo a hablar en público puede estar arraigado de forma innata en la psique humana. Teniendo en cuenta las condiciones de un evento de oratoria, no es de extrañar la razón de que el cuerpo tenga una reacción tan profunda a la situación. Una persona frente a una multitud de individuos. Esta puede ser una posición peligrosa en un nivel primitivo.

Es bastante lógico que la respuesta del cuerpo sea reaccionar con huida o lucha ante tal situación. Aunque puedas reconocer que el público es inofensivo, aún existe un sentido natural de que necesitas protegerte. Esto es parte de lo que explica por qué el temor a hablar en público es universal, hasta cierto punto.

## Miedos Aprendidos

Algunos miedos se aprenden. Nuestras experiencias en la infancia nos enseñan a tener miedo de diversos objetos y situaciones. Un niño puede no tener miedo al fuego hasta que la experiencia le enseñe a tener cuidado. Las experiencias pueden presentarse de formas diferentes.

Retomemos el ejemplo del niño y la llama. El niño puede aprender a temer este elemento al experimentar una quemadura. También puede aprender a tener miedo al fuego si quien lo cuida muestra una reacción adversa al elemento. También puede aprender a reacción con temor si ve que alguien más se quema.

Es importante recordar que la mente es una fuerza muy poderosa, y tiene un efecto profundo en nuestros temores. Una persona puede imaginar una experiencia que desarrolla sentimientos de inquietud en situaciones específicas. En muchos casos, una imaginación vívida tiene tanta influencia como una experiencia real.

## Miedos al Hablar en Público

Es natural sentir temor ante la tarea de hablar en público. También hay elementos aprendidos que entran en juego. Parte del miedo proviene de la imaginación pura. Por supuesto, también hay orígenes ocultos. Cada individuo tiene sus propias razones para sentirse ansiedad al hablar en público.

Algunos pueden haber tenido una experiencia traumática relacionada con hablar en público. Un incidente negativo con consecuencias para toda la vida. Una persona puede aprender a tener miedo de hablar frente a una multitud después de conocer un miedo extremo en una sola experiencia relacionada con esta actividad.

Incluso si ese miedo intenso se experimenta por un momento, el impacto puede durar toda la vida. El sistema nervioso está diseñado para asociar el miedo con situaciones que deben evitarse. Sentir gran ansiedad y temor durante un evento determinado le enseña al cuerpo a responder de una forma específica.

Las personas son capaces de hacer fuertes asociaciones entre los sentimientos y los eventos. Algunas son rápidas para aprender el miedo directamente en situaciones dadas. En otros casos, puede que los sentimientos negativos no guarden relación con el hecho de hablar en sí. El individuo simplemente hace la asociación a través de su mente.

## *Asociación y Empatía*

Muchas personas desarrollan miedo a hablar en público a través de la asociación. La persona no vive el evento negativo por sí misma, pero presencia la experiencia negativa de alguien más. Si el evento es traumático para el individuo observado, el sujeto aprende a temer esa situación también.

Esta circunstancia de empatía es similar a la de un niño que se asusta con los perros, después de ver cómo otro niño es mordido. Presenciar el incidente traumático es suficiente para causar miedo en el niño.

## *Crecimiento Gradual*

Con el tiempo, las personas también pueden aprender a sentir miedo al hablar frente a una multitud. Un caso muy leve de miedo escénico se puede transformar en una condición más grave si la persona deja que esa sensación se acumule con el tiempo. Si el sujeto pone su atención en el miedo, este se hará más fuerte.

Las experiencias relativamente inofensivas, pueden transformase en sentimientos de miedo abrumador. El cuerpo aprende a reaccionar de una forma mediante la preocupación de la mente por esa emoción de temor. La ansiedad se alberga en la mente y, como consecuencia, el sistema nervioso responde.

El crecimiento gradual del miedo a hablar en público es similar al famoso experimento de condicionamiento de Pavlov. Los perros de Pavlov son bien conocidos por sus respuestas aparentemente inadecuadas al sonido de una campana.

El experimento fue bastante simple. Se sonó una campana justo antes de que los perros fueran alimentados. Con el tiempo, los perros comenzaron a producir saliva con tan solo el sonido de la campana, hubiera comida presente o no. Las respuestas naturales de sus cuerpos fueron transferidas al sonido de la campana.

Las asociaciones son elementos bastante poderosos. La mente puede hacer que una experiencia sea mucho peor de lo que realmente es. Es importante recordar que puedes controlar tus pensamientos y sentimientos hasta cierto punto. También puedes volver a capacitar tu cuerpo para obtener diferentes respuestas a la experiencia de hablar en público.

# DESAPRENDIENDO TU MIEDO

La ventaja de hacer asociaciones por medio de respuestas aprendidas a estímulos es que estas respuestas pueden ser desaprendidas. El proceso es un poco largo, pero vale la pena el esfuerzo. Hay más de una manera de abordar el problema del reaprendizaje de respuestas ante diversas situaciones y objetos.

Una técnica increíble es asumir un enfoque cognitivo para abordar tus temores al momento de hablar en público. Esta es una forma efectiva de usar la lógica y el pensamiento racional de forma intencionada. Puede llevarse algún tiempo acostumbrarse a lidiar con las emociones en un nivel cognitivo, pero es una herramienta muy útil una vez que eres capaz de alcanzar un enfoque cognitivo efectivo.

Las respuestas también pueden ser reentrenadas a nivel de comportamiento. Los especialistas en psicología del comportamiento pueden referirse a esto como condicionamiento operante con refuerzo positivo. Si una experiencia negativa puede provocar sentimientos de ansiedad, las positivas son capaces crear sentimientos de placer y bienestar.

Es importante recordar que el miedo a hablar en público no se basa en una amenaza verdadera para tu seguridad. Es una condición muy común, cuya naturaleza es bastante universal. Puedes elegir transformar tus sentimientos de miedo y ansiedad, en sentimientos de alegría y entusiasmo.

## Los Miedos Aprendidos pueden ser Desaprendidos

A menudo, las personas continúan por sus vidas con un conjunto de creencias. De hecho, algunas de esas creencias están profundamente arraigadas en su interior. Otras son productos de la fe, y otras tienen su origen en perspectivas inválidas.

El miedo a hablar en público está frecuentemente arraigado en una perspectiva irracional. Es posible que sientas una ansiedad y un miedo excesivos, pero en realidad, no hay una lógica para estos sentimientos. Muchas personas aprenden a tener miedo de hablar frente a un grupo debido a sus experiencias y su percepción de la situación.

Un obstáculo que encuentran las personas es su percepción del público. La realidad es que ese grupo de personas no representa una amenaza, pero el individuo se ha enseñado a sí mismo que sí lo es. Ya que el sistema nervioso ha sido entrenado para responder con respuestas fisiológicas apropiadas ante el miedo, la mente y el cuerpo identifican la situación como una de peligro.

Ten en consideración que un solo evento traumático puede ser suficiente para llevar una vida de fobia y miedo. El evento puede haber durado tan solo un segundo. Podría haber sido observado en vez de vivirlo de primera mano. El efecto duradero es evidencia de que la condición puede ser revertida, con práctica, hasta alcanzar una respuesta sin temor. Si un evento puede ser tan poderoso, varios eventos positivos pueden ser igual de efectivos, o hasta más.

## *Mente sobre Materia*

En algún punto, todos hemos llegado a escuchar la expresión "mente sobre materia". Este dicho bien podría estar inspirado en la terapia cognitiva. Cuando una persona adopta un enfoque cognitivo sobre una situación, esa persona la enfrenta con un pensamiento racional. Hace las emociones a un lado puede ser un reto, pero puede dar muy buenos resultados.

La objetividad no siempre es fácil, en especial cuando estás en medio de la emoción. El enfoque cognitivo requiere de práctica y puede llegar a ser bastante exigente, pero una vez que comienzas a ver la actividad de hablar en público como algo objetivo, comienzas a tomar control de la situación.

Los sentimientos y pensamientos están estrechamente relacionados. Tú controlas tus pensamientos y puedes usarlos para controlar tus emociones con el tiempo. A continuación presentamos algunos ejemplos breves acerca del uso de la cognición para superar sentimientos de ansiedad y temor a hablar en público.

- Hablar en público no es peligroso por naturaleza.
- No necesitas crear la presentación perfecta.
- Cometer errores es algo común en la vida diaria.
- Los resultados negativos que puedes temer, no forman parte de la realidad.
- El público no es tu enemigo.
- No necesitas controlar todos los aspectos de tu

presentación.

Cada individuo puede adaptar sus pensamientos según temores específicos. Algunos pueden tener miedo por aspectos aislados de la presentación. Puedes decidir qué aspecto acerca de hablar en público te afecta más, y modificar tus pensamientos de manera apropiada.

## Reeducando Tus Respuestas

De la misma manera que puedes reeducar tus pensamientos, también puedes reeducar tus respuestas emocionales ante ciertos objetos y situaciones. La gente es capaz de reprimir sus reacciones de miedo ante la desensibilización. Este proceso es conocido como terapia de exposición.

Acabar con el miedo es posible, y hay muchas probabilidades de éxito para aquellos que utilicen procesos como desensibilización y terapia de exposición. Algunos creen que este enfoque funciona mejor si se aplica de forma intensiva durante un período corto en lugar de extender el proceso por días o semanas.

### *Extinción del Miedo y Desensibilización*

En esencia, la terapia de exposición y la desensibilización pueden ayudar a las personas en el proceso de extinción del miedo. Esto se logra reemplazando los viejos recuerdos por otros nuevos. A primera vista, este enfoque puede parecer bastante simple y, sorprendentemente, lo es.

Los recuerdos del miedo se encuentran en la amígdala, una región del cerebro. El proceso para el control de la emoción comienza en la corteza prefrontal medial. Esta área del cerebro envía mensajes a la amígdala y al tronco del encéfalo. La idea básica es que la señal "segura" del cerebro también se encuentra en la amígdala.

Las personas pueden haber sido expuestas a nuevas experiencias que involucran el origen del miedo. Pueden volver a aprender cómo reaccionar al estímulo al reeducar su cerebro. Las emociones de mayor temor, alojadas en la amígdala, pueden ser reemplazadas por sentimientos de seguridad. Esto viaja por el tronco del encéfalo, donde se originan los comportamientos involuntarios, tales como la frecuencia cardíaca y la respiración.

¿Cómo es que esto es un proceso simple? Hacer que la magia funcione en el cerebro simplemente implica una exposición gradual al origen del miedo, acompañado de experiencias placenteras. Quienes quieran superar su miedo a hablar en público tendrá que exponerse a la actividad en pequeñas dosis y alcanzar una experiencia placentera como resultado.

La corteza prefrontal medial comunica el placer de la experiencia a la amígdala y, más tarde, al tronco del encéfalo. Estas regiones del cerebro se encargan de reemplazar los recuerdos negativos con recuerdos agradables, y ayudan a controlar las respuestas involuntarias del cuerpo ante el miedo.

Los expertos difieren en cuanto el tiempo de exposición: algunos sugieren que este proceso solamente debería tomar unas pocas horas, otros que la persona debe practicar exponerse a hablar en público durante un período prolongado de tiempo.

# TODO SOBRE EL PÚBLICO

El público es una parte de suma importancia cuando se trata de eventos de oratoria. Tu percepción del público es el pilar de tu presentación. Puedes tener control de cómo ves a la multitud, y te puedes ganar rápidamente su respeto si eres empático.

Esto puede parecer difícil al principio, pero después de algunas consideraciones verás que el público es realmente tu compañero. Dar una presentación puede ser una calle de dos vías en muchos casos. Algunos logran presentarse ante un público exitosamente al ver al público como un aliado.

Existen ejemplos de personas que tomaron sus deficiencias para la oratoria, y las transformaron en logros impresionantes. Estos individuos usan el arte y la ciencia de la presentación para superar obstáculos significativos en su capacidad para articular.

Con la inspiración de tu lado, puedes elegir renunciar al control de la situación y así crear un enfoque en el rendimiento que realmente funcione para ti. Ya sea que desees crear una personalidad para hablar en público, o establecer una buena relación con la audiencia en un solo evento, puedes hacerlo.

### *El Público Quiere Que Tengas Éxito*

Una buena parte de la ansiedad que implica la tarea de hablar en público gira en torno a la percepción que el orador tiene de su público. El miedo fundamental puede crecer con bastante rapidez si el orador ve al público como una amenaza. Puedes ayudarte a ti mismo reconociendo que el público solamente quiere ver que tengas éxito.

La empatía cumple un enorme rol en esta idea general. Aquellos sentados en la multitud probablemente estén tan nerviosos por hablar en público como tú. Son muy conscientes de lo que probablemente estás sintiendo en el momento, y esto puede ser de utilidad para tu enfoque.

Las personas siempre están dispuestas a disfrutar de alguien que exuda confianza. Sin embargo, un poco de humor y humildad mezclados en una presentación pueden tener el efecto deseado. Hablar frente a un público en vivo es una actividad naturalmente interactiva. Del mismo modo que una persona ignora cuando balbuceas una frase en conversaciones personales, la multitud también ignorará tus imperfecciones y defectos de hablar en público.

Puede que el titubeo o tartamudeo te parezcan un obstáculo importante, pero realmente no son muy importantes para el público. Ten en cuenta que nuestro juicio sobre nosotros mismos siempre es más severo. Eres es el peor crítico cuando se trata de su presentación.

Incluso si imaginas a un grupo de críticos despiadados en el público, esto es algo que puedes superar rápidamente. Imagina que alguien dice: "¿Lo escucharon hacer una pausa en el momento inapropiado?" Pero en realidad, ¿quién se va a ver como un tonto? A los ojos del público, será el crítico porque la mayoría de ellos sabe la valentía que se necesita para hablar en público.

## Cumpliendo con las Expectativas

Las expectativas son un tema complicado cuando se trata del público. Imaginemos a una persona que realmente disfruta hablar en público. Esta persona puede encontrar mucha satisfacción en la actividad porque sabe que necesita cumplir con las expectativas del público.

Los actores presentan líneas de un libreto. Se ensayan, memorizan y luego recitan. El actor sabe qué esperar, y también tiene la ventaja de contar con una personalidad en su presentación. Cuando piensas que el público tiene ciertas expectativas, puedes llegar a sentirte abrumado. Sin embargo, estas mismas expectativas pueden ayudarte a superar tu miedo.

Usa las expectativas del público como una fuente de inspiración. Organiza la información en torno a lo que quieren y necesitan saber. Ten un enfoque empático. ¿Qué esperarías ver en la presentación de un orador? ¿Dejarías de escucharlo por cometer un error?

### *Inspiración*

Muchas de los que temen hablar en público nunca sueñan con adentrarse en las artes escénicas. Sin embargo, hay muchas personas increíblemente tímidas capaces de desempeñarse bien en esta área. Hay algunos que usan la actuación como una forma de superar los problemas de articulación, como el titubeo y el tartamudeo.

Uno de los ejemplos más espectaculares es el de James Earl Jones. Cuando era niño, Jones solía tartamudear, y esto le impedía hablar con otras personas en entornos sociales. Superó sus problemas de articulación leyendo a Shakespeare en voz alta para sí mismo.

Él no comenzó a utilizar este enfoque sino hasta que cursaba la secundaria. Su profesor de literatura lo animó a probar esta estrategia. James Earl Jones logró superar su tartamudeo y su timidez leyendo en voz alta para sí mismo, y luego al público. Más tarde, se convirtió en una de las voces más reconocidas de Hollywood.

## *Renunciando al Control*

Probablemente no serás el siguiente James Earl Jones, pero es útil saber que alguien puede superar desafíos significativos si se lo propone. Parte de este desafío yace en el control. Aunque hablar frente a un público en vivo es algo interactivo, también es necesario soltar ese control para superar tu miedo.

Las personas pueden sentir mucha ansiedad cuando los demás no actúan de la manera que desean. Si alguien en el público parece distraído o inquieto, probablemente tiene sus razones. Si algunos parecen no estar prestando atención, no te preocupes.

Tu energía debe estar en las cosas que sí puedes controlar. Nútrete de las personas que están enviando energía positiva hacia tu dirección. Es posible que algunos en el público no respondan como quisieras. Esto es simplemente parte del proceso.

## *Creando un Enfoque*

Puedes controlar cuál será tu enfoque. Una estrategia bien planificada puede ser maravillosa para algunos oradores. Otros pueden tener mejores resultados al improvisar. En algunos casos, ensayar demasiado puede ser contraproducente. Algunas personas trabajan bien con anotaciones, mientras que otros tienen que memorizar la información porque las notas los distraen demasiado.

Piensa en tu propia personalidad y en cómo interactúas naturalmente con las personas. Si por lo general eres relajado y espontáneo, puedes usar un resumen conciso y hablar con naturalidad. Si por el contrario, te gusta planificar las cosas hasta el más mínimo detalle, puedes incluir anotaciones detalladas. Está de tu parte desarrollar y aplicar un enfoque que funcione.

Y siempre ten en cuenta al público. Piensa en discursos y presentaciones que te hayan impresionado. Puedes elegir modelar tu enfoque en base a esos eventos. Esta es una gran estrategia porque consideras la perspectiva del público sobre tu proyecto.

## *Si Te Agradan, Les Serás de Agrado*

Cuando ves oradores públicos experimentados, a veces parece que pueden poner al público bajo un hechizo. Tú, como parte del público, sabes cómo se siente ese hechizo. Y una de los primeros signos de que este orador mantendría a su público en la palma de su mano, es que casi de manera instintiva te agradó su energía. Y lo más interesante de ese "hechizo" es que una vez que realmente te gusta este orador, te abres naturalmente a su presentación, estás más atento a su mensaje y más abierto a la sugestión si el orador está exponiendo un punto.

Así que cuando te preparas para comenzar a hablar en público, es normal que desees saber cómo hacer conjurar ese hechizo a tu favor. Todos tenemos un sentimiento común de inseguridad o inferioridad, nos preocupa que no seamos de agrado al público, y que nuestra presentación no sea exitosa.

Así que te preguntas si ese orador simplemente es más agradable que tú, o si realmente usó alguna especie de magia para hablar en público y hacer que los oyentes sientan agrado por él.

La respuesta tiene dos caras. La primera, no, ese orador no es más agradable que tú. Lo que piensas es tan sólo tu inseguridad hablándote al oído, y necesitas decirle a esa inseguridad que es hora de abandonar la habitación porque no te va a ayudar de ninguna manera en tu camino para convertirte en un mejor orador.

La segunda es sí, hay algo que el orador público sabe hacer para que su público se sienta atraído hacia él, pero no, no se trata de magia. Es algo que cualquiera que se pare frente a una multitud puede usar y que siempre dará resultado.

El secreto no es realmente muy complicado. Sólo tienes que aprender a que tu público te agrade. Eso puede parecer simple, pero muy en lo profundo de esa idea hay un principio poderoso de la psicología. Cuando te paras frente a una multitud y te has condicionado a ti mismo para que te agraden, esto se refleja en todos los aspectos de tu postura y la forma en que te comportas. Sonreirás más, harás contacto visual y realmente te verás con ganas de interactuar con ellos durante la presentación.

Sin embargo, no te preocupes si el discurso o presentación no es interactiva como en una especie de diálogo. Pero si ya has hablado con algún grupo pequeño antes, sabes que hay mucha interacción, incluso en discursos unidireccionales. Ese orador que te cautivó aquel día con esa "magia" es consciente de que la interacción sucede todo el tiempo.

Mientras hablas, recibes respuestas en forma de lenguaje corporal y expresiones faciales que te permiten saber cómo lo estás haciendo. Y al abrir una relación cálida y afectuosa con tu público, esa respuesta también lo es, y eso hace que la presentación sea todavía más exitosa.

El truco para aprender a que le agrades a tu público, yace en descubrir buenas razones para agradarles. Usamos la palabra "truco" de forma intencional. Cualquier razón para que les agrades servirá. No te tienen que agradar todos en el público; puede que sólo te guste la ropa que llevan, o las caras de las personas.

Puede que te agraden las personas que ya conoces, o aquellos que recién conoces y con quienes lograste una buena conexión desde el principio. Incluso te puede agradar toda una multitud simplemente porque identificaste un grupo de personas que te atraen. Al enfocarte en aquellos que te agradan, tu afecto hacia ellos se extenderá al resto del público mientras hablas. En poco tiempo, tendrás a esa multitud en la palma de tu mano y usarás ese hechizo para hacer de tu presentación un éxito. En ese momento, recordarás este pequeño "truco", y lo usarás a menudo cada vez que hables en público.

# CONSEJOS PARA RECORDAR

Existen grandes ventajas sobre recopilar una serie de consejos acerca de cómo superar tu miedo a hablar en público. Estos pequeños consejos pueden ayudarte a usar bien tus recursos. La brevedad de los consejos es uno de los aspectos más interesantes de estos tips. Los hace fáciles de recordar, e incluso puedes usar un pequeño cuaderno para recordatorios y mensajes inspiradores.

Debes decidir qué consejos funcionarán mejor para ti. Algunas de las sugerencias te serán de gran interés, mientras que otras pueden hacerse a un lado. Lo importante es que te sientas animado a dar el primer paso en tu camino para superar el miedo a hablar en público.

## *Liberar el Estrés*

Liberar el estrés es algo mucho más fácil de decir que de hacer, y no siempre es realista. Es importante tener en cuenta que el estrés también puede ser algo muy bueno. En lugar de combatir el estrés, puedes intentar aprovecharlo para tu beneficio. Esta puede ser una nueva perspectiva para situaciones estresantes, pero puede ser capaz de lograr resultados maravillosos.

Probablemente hayas escuchado a amigos, familiares y colegas que te dicen que deshagas del estrés. Sin embargo, este enfoque no necesariamente funciona para la mayoría de nosotros. Si fuera tan fácil, casi todos estaríamos libres de estrés. Simplemente decirte a ti mismo que tienes que liberar el estrés, puede provocar sentimientos de ansiedad.

El estrés, al igual que el miedo, existe por una razón. El cuerpo humano necesita un poco de estrés para funcionar correctamente. Cuando la presión de este componente vital se vuelve abrumadora, es necesario recurrir a técnicas para control de la ansiedad, y así ayudar a liberar los sentimientos de pesadez.

Controlar el estrés no implica liberarse de ello por completo. Esta ansiedad natural puede ser aprovechada efectivamente durante una presentación. El mismo estrés puede funcionar como una fuerza altamente creativa que te impulsa a lo largo de tu esfuerzo por hablar en público.

## *Energía Nerviosa*

Un consejo para recordar en este entorno es imaginar que el estrés es una energía nerviosa. Por lo tanto, puedes aprovechar esta fuente de energía. Teniendo en cuenta que la ansiedad está dentro de ti, debes ser capaz de tomar las riendas sobre esa emoción. Esto es mucho más productivo que preocuparse por controlar factores que están fuera de tus manos.

Tu energía nerviosa puede servir para varios propósitos. Puede ayudarte a crear una personalidad que habla en público y usarse para una presentación efectiva. Por ejemplo, puedes concentrarse en la vocalización, el volumen y las pausas aprovechando la energía de ese estrés interior.

Tu rendimiento es una cuestión de transformar esa energía nerviosa en una fuerza productiva. Algunas personas son capaces de hacer esto de forma natural cuando suben al escenario. Otros requieren práctica y entrenamiento para llevar a cabo esta tarea efectivamente.

Aprende a aprovechar el estrés en lugar de liberarlo. Tiene demasiado valor como una herramienta para una presentación efectiva como para deshacerse de él sin ningún propósito específico.

Lecciones:

- El estrés sirve para un propósito
- La energía nerviosa puede ser aprovechada
- La risa es una forma de liberar estrés
- Usa tu concentración en aprovechar el estrés en vez de superarlo
- Pon tus energías en lo que puedes controlar

## *Conoce Tus Límites*

Todos tenemos nuestros límites. Si estás aspirando dar una presentación estelar que tome al mundo por sorpresa, es posible que desees evaluar tu situación. Establecer límites realistas para ti mismo es una excelente manera de acercarte a la tarea de hablar en público.

Recuerda que el público está de tu lado. La verdad es que nadie quiere ver a otra persona tener problemas en medio de su presentación. Es casi tan doloroso verlo como vivirlo en carne propia. Parte de conocer tus límites implica establecer objetivos y metas alcanzables.

Las metas son particularmente efectivas si está trabajando con un programa de terapia de exposición o de desensibilización. Puede preparar pequeños objetivos que lleven a metas más grandes. Dividir la tarea en pasos pequeños y fáciles de aprender es un enfoque efectivo para aprender algo nuevo.

Y la realidad es que estás aprendiendo muchas cosas nuevas en este proceso. No sólo estás desaprendiendo tu miedo, sino que lo estás reemplazando con nuevas experiencias y emociones. Estás aprendiendo los conceptos básicos de la presentación oral, a la vez aprendiendo cómo usar la energía nerviosa para tu beneficio.

La larga lista de aprendizaje que implica este proceso se abarca de manera más realista en pasos más pequeños y posibles, en lugar de hacer todos a la vez. Lo último que quieres hacer es lanzarte de forma contundente para dar un discurso público. Siempre debes ser consciente de tus límites.

Lecciones:

- Los objetivos demasiado grandes pueden ser contraproducentes
- Define metas y objetivos para ti mismo
- Divide la tarea de hablar en público en pasos pequeños
- Siempre puedes definir metas más grandes a medida que progreses

## *No Te Prepares en Exceso*

La preparación previa a cualquier presentación oral es algo vital para el orador común. Algunos con talento natural pueden hablar por horas y horas, narrando ingeniosos e improvisados monólogos. Pero la verdad es que no tienes que ser Robin Williams para poder hablar en público.

No es necesario prepararse hasta el agotamiento, y hasta ensayar en exceso puede ser contraproducente. Las cosas rara vez van bien: una persona puede distraerte, también es fácil perder el hilo por un momento, o de repente puedes escuchar una risa entre el público sin ninguna razón aparente.

Todo esto es simplemente parte de hablar en vivo frente a un público. Cuando ensayas una y otra vez, preparándote para una presentación oral, puedes perjudicarte. Esto está fuera de tu área de de control. Cuando ensayas en exceso, probablemente te estás preparando para lo inesperado.

Por lo tanto, ensayar en exceso también puede ocasionar problemas si realmente te estás esforzando demasiado. Es fácil volverse demasiado entusiasta en tu enfoque. Puedes tratar de exponer demasiada información en un período de tiempo muy corto, o también puede que no estés preparado para momentos inesperados que exigen espontaneidad.

Lecciones:

- Ensaya de forma efectiva, pero no en exceso.

- Si sientes que te estás obsesionando, entonces estás preparándote demasiado.

- Está listo para esos momentos inesperados.

- Evita exponer demasiada información en una sola presentación.

- Aprender de memoria es la peor estrategia de aprendizaje cognitivo.

## *Todo está en la Voz*

Quizás una de las cosas más comunes que ocurren en el proceso de hablar en público es ver cómo alguien se queda dormido durante la presentación. Cuando eres tú el que se duerme, sólo esperas que el orador no se dé cuenta. Pero cuando tú desempeñas el rol de orador, tú lo puedes notar y te preguntas qué estás haciendo mal. Trabajaste duro en tu discurso y pensabas que era algo bastante interesante. Entonces, ¿por qué se están quedando dormidos?

Bueno, no eres el único al que le puede pasar esto. Por alguna razón, este fenómeno es bastante común en las iglesias de muchos países todos los domingos por la mañana. Y esto le pasa a un predicador que es un orador hábil, y que tú pensarías que podría mantener la atención de esa multitud. Pero en muchas situaciones públicas, incluso si el orador tiene años de experiencia, puede que aún desconozca cómo cautivar al público.

Esto se debe a que existe una técnica para hablar en público que, si la aprendes temprano, te convertirá en uno de esos raros oradores que siempre son considerados "excelentes", sin importar la calidad de su material.

Esa técnica es bastante simple, y se trata de cómo usas tu voz. La voz es una herramienta maravillosa. Tiene el poder de expresar emociones, ideas complejas, humor o indignación. Y sin embargo, por alguna razón, muchos oradores cuando se ponen de pie para dar una presentación formal, pierden el 90% de la expresión en sus voces.

De repente, todos comenzamos a sonar como un aburrido profesor de matemáticas con una entonación monótona, incluso si de lo que hablamos es muy interesante, humano o emocional. Podrías hablarles acerca del día en que te enamoraste, o sobre cómo saltar en paracaídas, pero si lo cuentas en un tono monótono, la gente se quedará dormida.

Cuando estás relajado y hablas cara a cara con una persona, utilizas una enorme cantidad de entonaciones de forma natural. Lo que hace que los oradores empleen un tono monótono o limiten su entonación al hablar formalmente, se origina en el nerviosismo. Estás tan concentrado en hablar con claridad para que se entienda, que terminas por sonar como si estuvieras leyendo la guía telefónica.

Esto casi siempre ocurre si tienes escrito todo tu discurso y lo estás leyendo al público. Lo curioso es que nunca les leerías así a los niños. Es extraño que recurramos a esa forma de hablar cuando lo hacemos frente a un grupo de adultos.

Puedes aplicar dos grandes ejercicios para ayudarte a controlar tu rango vocal cuando hablas. Primero, realmente no es algo en lo que quieras pensar mucho cuando estás frente al público, porque entonces estarás demasiado consciente de tu propia presentación. Pero escucha a otros oradores y piensa cómo pueden mejorar su rango de tonos vocales. Eso te ayudará a comprender tu propio rango de expresión. Pero también ensaya tu presentación concentrándote en las ideas en sí, al igual que cómo las dices. No tengas miedo de expresar emociones en tu forma de hablar. Si el tema es emocionante, entonces suena emocionado. Si es preocupante, suena preocupado. Actúa como un ser humano y el público reaccionará.

Además, puedes utilizar mucha variedad en tu presentación, incluyendo el volumen con el que hablas y el ritmo. No se trata de gritar, pero cuando hablas en voz baja a veces y con más intensidad en otras, ese cambio repentino de tono y volumen puede llamar la atención del público y mantenerlos atentos.

De alguna manera, tu presentación oral toma elementos de la música ya que usas tu voz como un instrumento para asegurarse de que no sólo se brinda la información al público, sino que permanecen despiertos el tiempo suficiente para escucharla.

## *Hazlos Reír*

En el maravilloso musical de Broadway "Cantando bajo la lluvia", hay una canción con el nombre "Haz Reír", cuya base es que la mejor manera para que cualquier artista teatral construya un vínculo con el público es usar el humor para sacarles una sonrisa o hacer reír a esa audiencia. Bueno, esa idea no sólo se aplica en representaciones teatrales. Es igual de útil cuando estás comenzando a desarrollar tu estilo personal como orador público.

Si revisas cualquier guía de autoayuda sobre cómo ser un

orador exitoso, una de las reglas de oro es abrir con un chiste. ¿Pero qué crees? Esta no es realmente una regla estricta. El humor es algo que tiene el mismo efecto en cualquier momento de la presentación, sea al principio, mitad, o en cualquier punto donde sientas que estás perdiendo la atención del público.

La psicología del público es algo gracioso, pero no en el sentido de que cause "risa"" La verdad es que cuando empiezas a hablar ante un público, es probable que te estén escuchando atentamente. Al principio, la mayoría de las personas sienten al menos curiosidad por ti y lo que tienes que decir, y se verán interesados por ti incluso si es sólo porque eres una persona nueva delante de ellas.

Si bien es cierto que no es una mala idea abrir con humor, el momento en que tu público necesita una broma es cuando se inicia la discusión, y miras cabezas que simplemente asienten, u ojos con la mirada perdida: allí es cuando sabes que estás hablando, pero nadie escucha realmente. En ese momento, el humor trae de vuelta al público y los vuelves a conectar con tu presentación.

El más grande problema que presentan muchas situaciones de hablar en público es que puedes estar exponiendo ideas a la multitud. Y aunque la idea sea buena, las personas tienen problemas para seguir atentos cuando sólo se habla de conceptos por mucho tiempo. Es por eso que la mayoría de los buenos oradores utilizan ilustraciones, historias y humor para mantener al público enfocado en el tema. Y allí es donde un uso abundante del humor puede contribuir con tu estilo de oratoria.

El humor tiene un efecto característico en la psicología humana que hace que el oyente se conecte con el hablante de una manera única. En palabras simples, el humor en tu presentación hace que le agrades a la gente. Y cuando les agradas, las personas quieren escuchar lo que tienes que decir.

Simplemente no se puede obviar el hecho de que la gente escuchará, aceptará, comprenderá y adoptará fácilmente las ideas presentadas con humor, que si se presentan en un material sin inspiración, incluso si es verdaderamente importante.

¿Pero qué pasa si no sabes usar el humor? Por supuesto, siempre puedes contar un chiste. Pero un chiste preparado es sólo eso, un intento por usar el humor de alguien más. Puede llegar a funcionar, (si es un buen chiste) pero si el humor no guarda relación con lo que estás hablando ni contigo como orador, a menudo no es tan efectivo como debería ser.

En realidad, el mejor tipo de humor son los comentarios autocríticos mientras habla. Estos son fáciles de lograr con tan solo usarte a ti mismo como ejemplo. Por ejemplo, si hablar en público fuera un tema que forma parte de tu presentación, podrías decir...

"Ya saben lo fácil que es tener la lengua atada y titubear tratando de hacer un chiste. Pero ustedes no va se van a enredar como yo".

Ni siquiera es un buen chiste, pero como guarda una relación estrecha con el tema, es autocrítico, y sirve para liberar la tensión durante la presentación, probablemente sacarás unas risas. Una carcajada es realmente todo lo que buscas. No estás tratando de convertirte en comediante de stand up.

En realidad, el humor que es demasiado irreverente y diseñado para provocar risas estridentes sirve meramente como distracción. Lo único que buscas son pequeños espacios con una naturaleza humorística para retomar la atención del público.

Escucha a oradores buenos que admires, y tome nota de cómo utilizan y abandonan el humor discretamente, con facilidad y sin esfuerzo, y la rapidez con la que se compenetran con el público. Se necesita práctica para ser bueno usando el humor mientras hablas, pero mejorará enormemente tu estilo de presentación. Y de eso se trata, ¿no?

## **Diles Algo Que No Sepan**

Cuando un autor está tratando de encontrar un tema para su próximo cuento o novela, los profesionales clásicos de la escritura siempre aconsejan lo mismo. "Escribe sobre lo que sabes". Esto se debe a que si hablas desde tu propia área de especialización, hablarás con confianza y pasión. Y la confianza y la pasión no sólo contribuyen para una gran historia o novela, sino que también son elementos increíbles para cualquier evento de oratoria.

Cuando estás reuniendo lo que usarás para hablar frente al grupo, estás pensando en sorprender, así que necesitas ambos elementos: confianza y pasión. Pero además de eso, tienes que ofrecer algo para que sea perfecto.

Tienes que hablarles de algo que no sepan. Lograr un equilibrio entre lo que se conoce con lo nuevo y fascinante, será lo que debes considerar en tu investigación y preparación antes de hablar en público.

A veces, decirles algo que no saben podría ser tan solo un chiste nuevo que no han escuchado antes. O puedes abrir con una historia o anécdota fascinante para dar inicio a la charla.

Este enfoque puede atraer su atención y hacerles saber que esta será una forma interesante de abordar el tema.

Encontrar un chiste que nadie haya escuchado antes puede suponer todo un reto. Pero eso no está mal porque los "chistes" repetidos no son la mejor opción para tu discurso de todos modos. Es mucho mejor contar una situación divertida o muy entretenida de tu pasado que se relacione con el tema. Al contar la historia de esa situación con mucho humor y anécdotas, puedes entretener a tu público a medida que te adentras en tu discurso, pero al mismo tiempo que esté muy interesado en ti y en el tema.

A veces, encontrar material nuevo para tu público es algo obvio y fácil de identificar. Puede ser que hayas sido invitado a dar un discurso porque tienes cierto nivel de experiencia en un tema específico que tu público desea conocer.

Si estás dando un discurso sobre cómo armar tu propia PC desde cero, y sabes mucho sobre eso, ya tienes mucha ventaja en materia. Lo más probable es que tus oyentes aprenderán mucho con tu presentación y tendrán muchas preguntas listas para ti después de la charla. Es simple, les dijiste algo que no sabían.

Sin embargo, si tu tema entra un poco más en el área del conocimiento común, es posible que tengas que investigar para encontrar cosas que compartir, y que realmente sorprendan a las personas. Un depósito de datos poco conocidos se encuentra en lo que conocemos como trivias y mitos urbanos. Puede ser que estés preparando una charla sobre internet. Ahora, la mayoría de nosotros conoce bastante acerca de internet.

Pero con un poco de investigación, puedes descubrir mucho

sobre cultura general; por ejemplo, cómo surgió Internet, cómo funciona realmente Internet a nivel estructural, o si Al Gore realmente lo inventó (no, no fue él quien lo hizo).

Pero el internet también es un gran tema donde se pueden discutir literalmente decenas de mitos urbanos que harán de tu presentación más disfrutable. Desde cómo trabajar los virus, hasta conocer si ese príncipe africano te enviará 5 millones de dólares o no, estos datos pueden darte información para compartir y que tus oyentes probablemente desconocía (y ya que hablamos del tema, ya es hora de olvides los 5 millones).

Así que aborda tu investigación para preparar tu discurso con un buen contenido, pero también para incluir información que pueda ser entretenida o anecdótica, y así darles a tus oyentes algo de qué hablar más tarde durante el café. Si haces que tu discurso sea memorable, las personas te verán como un gran orador y probablemente te volverán a invitar.

## Cuando Las Cosas No Salen Como Planeaste

Uno de los mayores temores que enfrentamos al hablar frente a una multitud puede ser una de tus mayores recompensas. Hablar en público es algo totalmente en vivo. Y eso significa que cualquier cosa puede pasar, y la verdad es que casi cualquier cosa podría acontecer en medio de tu presentación.

Así que para transformar tu miedo a lo inesperado por talento para manejar las interrupciones, piensa con anticipación qué harás si algo sucede y cómo harás que la multitud retome su atención en el tema para llevarlos a la conclusión que deseas exponer.

Dependiendo de cómo realices tu presentación y el tipo de escenario, las preguntas u objeciones del público podrían desviarte del curso. Esto sucede particularmente si realmente no esperabas tener una discusión tipo foro abierto.

Si te propones a dar tu presentación como un discurso y no como una discusión, y si alguien te interrumpe, lo primero que debes hacer es reconocer a quien interrumpe para asegurar a la multitud que tienes la situación bajo control. Tu público asiste a tu charla con la confianza de que tú estás en control del auditorio y es fundamental que mantengas ese control.

Ahora, si la persona que interrumpe está siendo insistente y demuestra sus intenciones de interrumpir el evento, es en ese punto cuando los organizadores deben saber intervenir y hacer a un lado a esa persona. Pero muchas veces la interrupción implica una pregunta muy lógica y educada, o una necesidad de aclaración.

Una regla general es que si una persona hace una pregunta, cuatro o cinco en el público también tenían esa pregunta en mente, pero no tuvieron el valor de interrumpirlo. A veces, la interrupción ni siquiera puede ser audible. Puede que sólo sea una mano en el aire o una expresión en el rostro que comunica claramente la necesidad de interactuar contigo.

Nuevamente, cuanto más pueda mantener la compostura y reconocer la pregunta, y luego responderla u obviarla de tu esquema, más confianza tendrá el público en ti. En muchos casos, la pregunta será respondida fácilmente por el material de tu presentación. No tengas miedo de decir: "Esa es una muy buena pregunta cuya respuesta está aquí en lo que he preparado. Así que regresaremos a ella en un momento". Cuando haces eso, es común que quien realiza la pregunta y el resto de la audiencia se rían entre dientes, y así puedes continuar en tu camino para culminar la charla, con tan solo asegurarte de resaltar el área del esquema mencionada en la pregunta.

Prepárate también para alguna pregunta válida para la cual no tengas una respuesta a la mano, o para preguntas que no guardan relación con lo que estás hablando en absoluto. Para que ambos simplemente reconozcan que la pregunta fue buena (incluso si no lo es), una opción es decir que investigarás un poco y luego regresarás a la persona con la información obtenida. Por lo general, esta es una respuesta suficiente para quien interrumpe, y Te permitirá continuar con tu programa.

Las preguntas no son lo único que puede salir mal. Algo podría dejar de funcionar debidamente en el escenario o en el público. Una persona podría caerse de su silla. Un pájaro podría entrar volando por la ventana. La lista de cosas inesperadas que podrían suceder es interminable. Nuevamente, así como lo hiciste con preguntas que no esperabas, la clave es mantener la compostura y el control. El público realmente se distraerá para saber si debe preocuparse o no por la interrupción.

Así que si mantienes la calma y manejas la interrupción con humor y una sensación de calma, eso también tranquilizará el estado de ánimo del público. Los efectos de la interrupción se minimizarán de inmediato y, ya que tu expresión dejó ver que estuviste a cargo en todo momento, el público responderá a tu liderazgo y te dará su atención para escuchar el resto de lo que tienes que decir.

Puedes lograr una sensación de control y calma al pensar cómo manejarás lo inesperado antes de pararte en el podio para dar una charla. Y como realmente esperas lo inesperado, puedes controlar esas cosas extrañas que sucedan para demostrar tu distribución del tiempo que tienes para hablar con el público. Si lo haces, esa interrupción será provechosa, y el resultado final será una presentación aún mejor de lo que hubiera ocurrido sin la interrupción.

# TÉCNICAS EFECTIVAS PARA HABLAR EN PÚBLICO

## *Humor*

La risa es una forma de liberar el estrés. Ten en cuenta que tu público también está bajo cierto nivel estrés durante la presentación. Los dos están juntos en esto, y una de las mejores estrategias para crear un ambiente agradable y acogedor es integrar el humor en este tipo de situaciones.

No tienes que inventar una serie de comentarios ingeniosos ni meterte de lleno en un libro de chistes. El humor es más efectivo cuando haces uso de tu energía nerviosa durante la presentación. Puedes crear una personalidad para hablar en público, o puedes ser tu mismo durante tu presentación. De cualquier manera, un enfoque humorístico puede lograr maravillas.

Existen algunos obstáculos que puedes enfrentar si te esfuerzas demasiado en tu lado humorístico. La comedia requiere un sentido magistral para identificar el momento oportuno. Evita tratar de crear una rutina de comedia. Sólo haz que tu presentación sea agradable, amigable y llena de energía. Recuerda que no puedes controlar todos los aspectos acerca de cómo responde tu público. La risa no es siempre lo que buscas.

La clave al adoptar un enfoque humorístico es concentrarte en lo que define tu propia personalidad, y que tu público se sienta cómodo. Esto implica sonreír, contacto visual (si es posible) y un buen uso de esa energía nerviosa. Piensa que ser humorístico muestra un lado simpático.

## Crear Usa Situación Donde Todos Ganan

Cuando te diriges a la audiencia como una persona agradable y divertida, ayudas a crear una situación provechosa para ti, tu presentación y el público. Hay varios elementos que naturalmente acontecen a casi todos los oradores que parecen trabajar en su contra. Sin embargo, estos obstáculos también pueden ser utilizados en tu favor.

### *Momentos de Silencio*

Una pausa silenciosa es una gran causa de ansiedad para muchos oradores, pero no tiene que serlo. De hecho, una pausa con suspenso puede ser una ayuda increíble durante una presentación, si se hace en el momento justo. Estos momentos le pueden dar a tu público tiempo para reflexionar sobre la información que estás presentando, y puede darte tiempo para preparar tu siguiente paso.

No todas las pausas están bien planificadas. A menudo, las pausas ocurren de forma accidental. Algunos oradores pueden verse paralizados por el miedo al tratar de superar esa pausa innecesaria. Un momento de silencio puede funcionar en tu bien o en tu contra. Cómo lo hará depende de ti.

Una forma rápida de evitar este momento potencialmente incómodo es simplemente repetir tu última afirmación con énfasis, y luego continuar. También puedes utilizar un poco de humor en el proceso, o simplemente avanzar como si el silencio fuera parte de la presentación.

Un pensamiento que siempre debes tener en cuenta es que

nada malo va a pasar. Si analizas los momentos de silencio, alguna interrupción o las preguntas difíciles como una oportunidad para avanzar, puedes crear una situación donde todos ganan en todo momento. Debes ver los obstáculos como oportunidad y aprovecharlos.

## *Errores*

Los errores forman parte de ser un orador agradable y humorístico. A nadie le gusta un robot que no comete errores. Tus defectos pueden ser tu mayor ventaja. El público puede verse más reflejado en ti al apreciar un poco de tu imperfección, incluso durante la presentación.

Por ejemplo, imagina estar que eres parte del público cuando de repente una oradora pide un momento para retomar el hilo. "Mis disculpas. Solo me tomaré un segundo", dice ella. Ella respira profundo y muestra al público una sonrisa genuina y pronuncia un "Gracias" todavía más honesto. Esta es una apertura efectiva que hasta podría haber sido planeada desde el principio.

Mientras te muestres honesto, agradable y acogedor durante tu presentación, los errores que cometas tendrán poco efecto. De hecho, también puedes sacarles provecho, en especial si puedes darles un giro con un poco de humor. Si no, no te preocupes. La humildad puede tener el mismo efecto que el humor.

## *Humildad*

Hay algo universalmente atractivo acerca de la humildad. Un público ama poder relacionarse con el orador en algún nivel. Las personas pretenciosas y con superioridad no generan un sentimiento de calidez y compasión. Puede parecer que la sugerencia es "sé tú mismo", pero no lo es.

Puedes crear una personalidad para que hable en público por ti. No es necesario esconder tu miedo, pero tampoco es necesario que te expongas en un nivel personal. Muchos oradores desarrollan una personalidad exterior que sólo utilizan para sus presentaciones orales.

Esto puede ser muy efectivo si tienes muchos conocimientos acerca de un tema dado. Tu personalidad puede ayudarte a discutir el tema mostrándote agradable. Esto funciona mucho mejor que una conferencia estéril impartida por un orador que lo sabe todo y ejecuta todo sin errores.

## *Hablar con Propósito*

El propósito de tu presentación es la fuerza que motiva tu desempeño. Si la información que utilizas te parece tediosa e irritante, esto se reflejará en tu discurso a menos que seas un muy buen actor. Puedes hacer que cualquier tema parezca interesante si eres capaz de identificar de un propósito notorio.

Busca el valor en tu mensaje. A menudo, los oradores se dejan atrapar por su anticipación de la experiencia, sus miedos y cómo son percibidos por los demás. Si piensas en el propósito, el valor, y el discurso por encima de todo lo demás, no ocurrirán estos problemas.

Tener propósito te ayudará a crear una presentación significativa, motivada por la pasión y no por el miedo. Hablar con la intención de influenciar, informar o entretener no siempre basta. Encontrar valor en tu presentación también es de ayuda. En algunos casos, esto puede ser difícil.

Por ejemplo, puede que no veas el valor en atender y supervisar una reunión obligatoria en el trabajo. Sin embargo, la reunión es obligatoria por una razón. Busca y encuentra esa razón. Crea un valor y da tu discurso con propósito.

## *Puntos Clave*

Te puede sorprender lo mucho que puede hacer un poco de información. En la mayoría de las situaciones, sólo necesitas tres o cuatro puntos principales, sustentados por evidencia o investigación anecdótica. Las anotaciones también son una ayuda maravillosa.

Ten en cuenta que las personas rara vez recuerdan todos los detalles de un evento público. El proceso auditivo es bastante complejo, y la información excesiva puede ser abrumadora. Lo ideal es que la información sea concisa y acorde con el propósito. Esto es fácil de lograr eligiendo tres o cuatro (o hasta menos) puntos clave.

Cuando hay demasiada información, demasiados datos y detalles difíciles de recordar, estos pueden perjudicar tu presentación. Esto puede tener dos consecuencias. Tu público puede confundirse acerca del mensaje central y tu propósito. Deben tratar de clasificar qué es importante y qué no.

También podrías estar ocasionándote estrés al tratar de exponer demasiado durante el discurso. Debes darte espacio y recordar que el público necesita tiempo para procesar la información. Hacer énfasis en los mismos puntos clave a lo largo de la presentación ayudará a que las personas recuerden, y te ayudará a mantenerte enfocado.

## *Brevedad*

Hablemos rápidamente sobre la brevedad. Probablemente has escuchado que la brevedad es la naturaleza del ingenio. Esto es bastante cierto. Un lenguaje claro y conciso puede hacer maravillas en una presentación. Tu público será capaz de retener más información si puede mantenerse enfocada.

Las pausas bien planificadas, la inflexión y el énfasis pueden ayudarte a dar una presentación breve, que puede ofrecer mucho más que una conferencia aburrida. Tú tienes el control de los puntos clave, y tienes la capacidad de ayudar a tu público a reconocerlos y retenerlos.

## *Autopercepción*

Tu autopercepción es un factor de suma importancia. No te veas a ti mismo como un orador. ¿Por qué compararte con otros? Puedes desarrollar tu propio estilo, ya sea que quieras ser tu mismo o trabajar en una personalidad para mostrar al público.

Tampoco debes sentir que tienes que ser un orador profesional para hacerlo bien. Todo lo que necesitas es pensar en el público, tu mensaje, y la mejor manera de exponer ese mensaje. Pensar en ti mismo como un orador puede tener como consecuencia imaginar expectativas inalcanzables y sentimientos de ineptitud.

Lo que realmente quieres hacer es que tu presentación se trate del propósito en vez de sobre ti. Preocuparse demasiado por cómo los demás te perciben es una pérdida de tiempo. Esto es algo que está fuera de tu control. Mírate a ti mismo como un mensajero con un propósito. Esta perspectiva puede ser lo que te hacía falta.

## *Crear un Problema y Luego Resolverlo*

Qué tan bien ejecutes tu presentación la próxima vez que subas al podio dependerá de varios factores; pero uno que sí puedes controlar es tu guión, la forma en que organizas el contenido y cómo se presenta el material a esa multitud puede cautivarlos por completo y llevarlos poco a poco a la conclusión, o puede aburrirlos completamente hasta quedarse dormidos.

Todo depende de cómo construyas tu presentación y cómo expones lo que quieres que sepan durante la charla.

La diferencia entre una gran conferencia y una aburrida es simple. Una conferencia grande es convincente, llega al corazón de la experiencia común, aborda algo que todos hemos vivido y una necesidad que todos experimentamos.

En resumen, una gran conferencia es capaz de resolver un problema. Entonces, para crear una presentación que llegue al público y atrape su atención durante todo el transcurso de la misma, debes exponer un problema para ellos. Y luego tienes que resolverlo.

El momento para introducir el problema es durante tus comentarios de apertura. Primero que nada, no temas a verte un poco dramático durante tu apertura. Recuerda que el objetivo de la apertura es captar la atención del público y mantenerla durante toda la conferencia.

Así que formula el problema de manera personal, muestra de qué manera es significativa a nivel personal para el público y para ti. Te puedes tomar el primer 20% del tiempo de la charla para presentar el problema. Cuando hayas creado soltado a ese gran monstruo en la habitación, el público estará listo para que los guíes hacia la solución.

Ahora que la multitud está "en la palma de tu mano", puedes pasar directamente a la descripción de la solución perfecta. La fase de solución de tu discurso se puede dividir en dos. Primero, describe cómo sería la solución perfecta. Aún no debes proponer directamente tu solución. Basa tu descripción de la solución perfecta en el problema formulado para contar con un aspecto de la solución que se adapte a todos los problemas posibles creados en la primera parte de tu presentación.

La siguiente fase es la penúltima, y se debe ejecutar cuando reste un 50% del tiempo. En este momento, el público está en el lugar ideal para escuchar tu solución.

Use entre un 30 y40% del tiempo total para presentar la solución propuesta, ajustándola completamente según tu discusión del problema, y al esquema de cómo se ve una solución perfecta. En este momento, el público está ansioso por conocer la solución. Todo lo que estás haciendo ahora es terminar de exponer la idea.

Si seguimos un enfoque tipo "trabajo final" estándar para un programa, la fase final sería resumir y repasar lo que acabamos de discutir. Pero no vamos a seguir ese patrón, porque este es el momento donde verás los frutos.

En tu cierre, finalmente revelarás el curso de acción a tomar. Al ofrecer a tu público lo que pueden hacer para dar el primer paso y poner en marcha tu solución, estás viendo los resultados de toda esa energía que creaste en el primer 80% de tu discurso.

Ahora es momento de cerrar el trato y ofrecer ideas concretas y "en el presente" que pueden hacer para reconocer el problema y poner en marcha las acciones necesarias para hacer que la solución se vuelva una realidad. Si es posible, haz que el primer paso para implementar esa solución se dé allí mismo en esa sala de conferencias. Eso podría suponer una suscripción a un boletín informativo, proporcionar una dirección de correo electrónico, o ir a otra sala para obtener más asesoramiento y continuar la discusión.

Sabes lo que es. Pero al usar esa energía, estás convirtiendo a oyentes pasivos en participantes activos. Y todo esto fue posible gracias a un esquema de presentación bien diseñado y bien ejecutado.

## Dar Ejemplos, una y otra vez...

Cuando un orador pierde la atención de su público, a menudo le parece un misterio; pero no lo es para el público. La verdad es que muchos de los discursos que escuchamos dan muchas vueltas en alguna teoría o idea.

Y nosotros, como seres humanos, tenemos problemas para concentrarnos en una idea abstracta por mucho tiempo sin perder el interés. Esta es una de las muchas razones por las que una de las reglas principales para hablar en público es emplear muchas anécdotas y ejemplos para asegurarse de retener la atención de los oyentes.

Algunos oradores menosprecian la necesidad de que el público forme una conexión con el orador a través de ejemplos concretos. Pero esta es una forma básica de comunicación humana. De hecho, algunos de los mejores oradores del mundo han reconocido que si un orador no puede expresar sus ideas con ejemplos concretos, entonces ese orador aún no comprende bien esas ideas.

Se deben usar las historias y el humor tan pronto como comience la conferencia. Uno de los problemas que supone hablar en público tiene que ver con la velocidad de procesamiento. La ciencia nos ha demostrado que la mente humana puede pensar al menos 10 veces más rápido de lo que puede escuchar.

Eso significa que cando estás hablando con un grupo, sus

mentes tienen 90% del tiempo libre para otras cosas. Si les da una historia concreta con la cual trabajar, los detalles de esa historia ponen a trabajar ese exceso de capacidad mental.

Al abrir la charla con un ejemplo ligero, puedes atrapar la mente de tu audiencia rápidamente. El mejor tipo de historia para abrir es de tipo humorístico, especialmente si se trata de una anécdota de tu pasado. Este método no solo es una forma maravillosa de dar inicio a tu conferencia con una historia agradable, sino que también forma una conexión con el público y abre al orador a la audiencia, lo cual causa ese vínculo.

Al seleccionar la historia humorística perfecta para la apertura, utiliza dos criterios para elegir el ejemplo perfecto. Primero, seleccione una historia que se relacione con el problema a resolver durante la presentación. Si el problema tiene una tonalidad abstracta, como el hambre espiritual o la teoría política, esto puede ser complicado. Pero trata de ser lo más acertado posible con el ejemplo, al menos lo suficientemente como para poder preparar una transición y llevar al público de la historia al concepto que deseas discutir primero.

Segundo, conecta tu historia de apertura con cada ejemplo en tu exposición del tema. De esta manera, cada paso que des los ejemplos llegarán al público, evitando que su atención se desvíe y trayéndolos de vuelta, y así pensarán en lo que tú quieras durante esta parte de la presentación.

Es fácil saber si estás perdiendo la atención del público. Cualquier orador ha dado un vistazo y ha visto cómo la audiencia comienza a perder interés en lo que se está diciendo. Los ojos comienzan a mirar a otros lados. A menudo, se verán interesados por algo en su regazo o en sí mismos. Es posible que los veas escribiendo, pero probablemente no sean anotaciones sobre tu charla.

Puede que sus cabezas se muevan de un lado a otro, o simplemente veas cómo se empiezan a dormir por completo. Entonces, cuando veas estas señales, sabrás que tu presentación ha dedicado demasiado tiempo a las ideas teóricas. Necesitas volver atrás y pensar en una combinación diferente de ideas y ejemplos.

Un buen ejemplo al menos mantendrá al público involucrado en la discusión. Pero un gran ejemplo en realidad se convertirá en parte de la presentación, así que podrás contar la historia y luego proceder a usar elementos de la misma para tratar los siguientes puntos en tu charla conceptual. Cuando funciona bien, dejarás de perder al público porque la historia concreta sirve para anclar perfectamente el resto de la presentación.

Así que debes aprender el arte de contar una buena historia. Cualquier narrador de historias profesional nos dirá que el corazón de una buena historia son los detalles. Pero en un entorno de conferencia, las historias deben ser breves pero fáciles de comprender. Si tiene humor, esa es la mejor historia de todas, pero por encima de todas las cosas, la historia debe tener personalidad.

Y también debe ayudar a que el público se conecte con la charla, y a comprender las ideas que deseas que capten. Si eso sucede, y tu discurso se hace más fuerte como resultado, te alegrarás de haber seguido el mejor consejo de los expertos en oratoria: dar ejemplos, una y otra vez.

## *Mantener la Atención al Hablar en Público*

Una situación donde se habla en público puede ser bastante intimidante, incluso para aquellos profesionales más experimentados en el arte de la oratoria. Esto se debe a que, al hablar frente a un público en vivo, nunca se sabe qué va a pasar. Sin importar las situaciones extrañas que puedan ocurrir con el público o la sala, tú como ser humano podrías estar sujeto a lapsus momentáneos de la memoria, que a menudo son provocados por nerviosismo o simplemente al desviar la mirada hacia arriba y ver todos esos ojos que te miran fijamente.

Mucha de la disciplina necesaria para hacer una presentación en público es establecer una estructura interna para tu charla que te ayude a permanecer dentro de tu tarea, y mantener el enfoque de tu tema durante todo el tiempo que estés hablando.

Esa estructura también puede ser de gran valor para ayudarte a medir el tiempo de hablar y realizar ajustes, de modo que expongas las partes más importantes de tu charla, presentadas dentro del marco de tiempo asignado, incluso si eso significa omitir partes menos importantes de la presentación.

Hay una instrucción simple que siguen muchos oradores donde se ofrece una guía puntual para esa estructura. Es algo como esto...

- Diles lo que vas a hacer.
- Haz lo que dijiste que ibas a hacer
- Diles que lo hiciste.

Este simple lineamiento puede parecer demasiado simple, pero es el núcleo de lo que hace que una buena presentación funcione. Además, la simplicidad también te ayuda a mantenerte enfocado bajo la presión de una situación de hablar en público. Así que cualquier herramienta que pueda hacer eso es buena.

Comienzas por decirle al público qué debe esperar durante tus comentarios de apertura. Esos comentarios también tienen un efecto al brindar información personal de ti, un saludo al público y quizás algo de humor para establecer el ritmo de la charla. Después de haber dado inicio al discurso, lo siguiente es establecer cuál es el tema. Pero para hacer eso, el mecanismo más efectivo es formular del problema. Al expresar el tema como un problema convincente y muy real para tu público, eso genera interés ya que la multitud dice mentalmente: "Sí, tengo ese problema. Ahora dime cómo me ayudarás a resolverlo".

Aquí es donde les dices lo que vas a hacer. El cuerpo de tu discurso suele ser una discusión de tres a cinco puntos sobre cómo solucionar el problema. No menciones todo lo que implica tu discurso, sino que debes hacerles saber el terreno que estás a punto de abarcar.

Esto no solo les da a tus oyentes un mapa de lo que pueden esperar, sino que les permite saber que sabes lo que estás haciendo y cuándo se hará. Esto acaba con el miedo secreto a que el orador pierda el control, algo que muchos temen al asistir a las presentaciones.

Una vez que traces esta hoja de ruta para el resto de tu conferencia, esto le dará al público una buena idea de hacia dónde te diriges. Al exponer esta información desde el principio, se reduce el impulso de interrumpirlo porque saben que tienes un camino por recorrer y no quieren desviarte de ese camino.

Ahora es sólo una cuestión de pasar por cada una de las áreas descritas para hacer por tu público lo que dijiste que harías: ofrecer una solución al problema formulado. Por supuesto, tu discusión detallada tendrá más contenido que la vista previa expuesta. Pero si continúas transmitiendo al público en qué parte de ese esquema se encuentran, y cada vez se acercan más a la meta, eso los mantiene interesados y seguros de que este es un programa organizado del que forman parte.

Siempre es bueno informar a los participantes cuando se acercan al cierre. Muchos oradores usan un indicador simple como "Déjenme hacer énfasis en esto, y ya como palabras de cierre..." para dar al público una señal de que la presentación está casi terminada.

Esto es una especie de acto de cortesía común y una forma profesional de dar una presentación. Y si tratas al público con respeto de este modo, diciéndoles lo que vas a hacer, haciéndolo y luego diciendo que lo hiciste, te convertirás en un orador que recibirá buenas críticas y será invitado nuevamente para dar más presentaciones regularmente.

# AYUDA Y SOPORTE

Contar con el apoyo de los demás es crucial para tener éxito en tus esfuerzos para superar el miedo a hablar en público. Hay una serie de caminos diferentes para explorar en el ámbito del apoyo. Los amigos y familiares pueden ser una enorme ayuda, y hay grupos que están diseñados para asistir a las personas con esta misma ansiedad y miedo que tú.

Piensa en los diversos recursos a tu alcance. Algunas personas encuentran alivio a través de la hipnosis. Otros prefieren unirse a grupos para maestros de ceremonias. Los cursos y clases para hablar en público pueden ser muy beneficiosos. Muchos se sienten felices de trabajar con amigos y familiares para practicar y perfeccionar sus habilidades.

### Amigos y Familiares

Practicar frente a amigos cercanos y familiares es una forma increíble de abordar la actividad de hablar en público. Puedes comenzar exponiéndote gradualmente a pararte frente a una multitud desde un entorno seguro y controlado. Después de algo de práctica, te sentirás mucho más cómodo en el rol de orador.

Este es un aspecto fundamental de la terapia de exposición y desensibilización. Sabes que estás en un entorno seguro. Nadie te juzgará y la práctica será una experiencia placentera. Es importante recordar que las cosas no tienen que ser perfectas.

Selecciona a tu público sabiamente. Con suerte, tendrás un

pequeño grupo de amigos y familiares que estarán dispuestos a ofrecer una respuesta honesta. Deben ser capaces de mostrar un interés genuino en ver tu éxito. Esta es una gran oportunidad para averiguar si estás hablando con un propósito. Las críticas constructivas deben abarcar tus puntos principales.

## Clases para Hablar en Público

Puede que no te parezca muy atractiva la idea de asistir a una clase para hablar en público. Es posible que prefieras ir al odontólogo para un tratamiento de conducto. Sin embargo, la mayoría de las personas que toman estas clases sienten la misma ansiedad y miedo que tú. Hay muchos beneficios al asistir a este tipo de cursos.

Las clases ofrecen técnicas útiles, diseñadas para ayudarte a dar discursos exitosos. Estos consejos y trucos también pueden ayudar a mejorar tu confianza, y también a superar tu miedo.

Puedes aprender a concentrarte en el propósito, el estilo y la técnica en lugar de cómo los demás pueden percibirte es un enfoque fantástico para hablar en público. Aquellos que enseñan estas clases pueden ofrecer un método sistemático para el aprendizaje y ayudarte a identificar las estrategias que funcionarán para ti. Esto también es útil al adoptar un enfoque cognitivo en lugar de uno emocional.

## Hipnosis

La hipnosis es otra herramienta valiosa que puedes explorar. Recuerda que tus miedos están arraigados en procesos de pensamiento al igual que las reacciones físicas de tu cuerpo ante situaciones de miedo intenso. La hipnosis puede ser vista como un atajo en el proceso para superar el miedo a hablar en público.

La hipnosis no es necesaria para todos. Un proveedor de servicios médicos calificado debe ser tu guía en este proceso. Las técnicas comunes utilizadas por los profesionales incluyen visualización y relajación. Este enfoque es ideal para alguien que tiene dificultades para hacer su miedo a un lado.

## *Toastmasters International*

Toastmasters International (organización internacional para maestros de ceremonias) es quizás el recurso más valioso disponible para ti en tu camino hacia superar el miedo a hablar en público. Esta organización ofrece una amplia lista de servicios y apoyo, diseñados específicamente para la tarea de ayudar a los demás a superar sus temores.

Esta organización ofrece una gran cantidad de información y recursos que son específicos según tus necesidades. Cualquier persona que tenga miedo a hablar en público puede beneficiarse de Toastmasters International. Incluso quienes no comparten el mismo temor pueden aprovechar la información y los recursos que esta excepcional organización ofrece.

La información abarca desde consejos y trucos básicos para ayudarte a superar tus temores, hasta historias inspiradoras. Hay un gran sentido de camaradería y pertenencia. Toastmasters International tiene algo que ofrecer a personas con capacidades de todos los niveles.

También puedes buscar una organización cerca de ti que ofrezca servicios y apoyo. Incluso podrías sentirte inspirado para abrir tu propio club por medio de este recurso, una vez hayas dominado el arte de hablar en público.

## *No Temas a la Pausa*

Si llegas a escuchar a oradores experimentados, es fácil ver algunas diferencias reales en la forma en que dan su presentación, a cómo tú conduces una charla cuando te piden que hables en público; pero aprovechar cada oportunidad para escuchar a diferentes oradores públicos y aprender de ellos es un buen ejercicio que te puede ayudar a largo plazo.

De los oradores que no son exitosos, estudia por qué no lo son, y aprende cómo corregir esos problemas en tu propia presentación. En el caso de aquellos que son excelentes, aprende qué funciona y copia sus métodos sin sentirte avergonzado por ello. Se trata de aprender unos de otros.

Algo fácil de notar cuando un orador experimentado tiene al público en la palma de su mano es que se le ve totalmente relajado. Se trata de una relajación calculada. De hecho, la mayoría de los métodos que usan, como mover las manos, el rango vocal de su voz, hacia dónde mira y el modo en que se mueve, se planifican cuidadosamente, y forman parte de esa presentación y de quién es el orador.

Y todas esas cosas llegan con el tiempo y la práctica. Entonces, si necesitas estar unas cuantas veces frente a un grupo, o una docena de veces hasta que comiences a sentirte relajado, no seas despiadado contigo mismo y permite que hablar en público sea el tipo de cosas de las que puedes leer todo el día, pero que no harás bien sino hasta que te salga bien.

Una cosa muy evidente en un orador que está cómodo con su propio estilo es que, para la mayoría de nosotros, la idea de una pausa es aterradora; pero nota cómo esos oradores preparados a menudo toman pausas y dejan que esos momentos de silencio transcurran en una presentación. Para un orador común, cuando esa pausa ocurre, es posible que se sienta tan aterrorizado como si te estuviera sucediendo a ti.

Pero no te preocupes. Como has podido notar, ese orador experto utiliza esas pausas para generar interés y no teme dejar que su presentación se detenga por un momento, ya sea intencionalmente, para revisar notas, o hacer algún otro ajuste.

La pausa es en realidad una poderosa herramienta de comunicación que, si llegas a dominarla, puedes usarla antes de decir algo importante, conseguir dramatismo, o simplemente despertar a un público que puede haber comenzado a quedarse dormido. Esto se debe a que cuando hablas, si su presentación es algo larga, es fácil que las personas se relajen al punto de entrar en un trance involuntario.

Para la mente es fácil vagar, y eso es justo lo que le pasa a la gente cuando se duerme mientras hablas. Hacen un seguimiento continuo del sonido de tu voz y el ritmo melódico de tu forma de hablar al público.

Cuando comienzas a usar pausas y cambios en el tempo de tu presentación, rompes ese ritmo natural de tu forma de hablar. Las pausas harán que el público fije su atención nuevamente, y de repente estarán atentos con esa mirada de "¿Qué me perdí?" en sus caras. Esa es una herramienta real que te puede ayudar a mantener al público enfocado, y particularmente útil cuando te estás acercando a un punto que es una parte importante de lo que tienes que decir.

La mayoría de nosotros, cuando apenas conocemos la experiencia de hablar en público, sentimos pavor a las pausas en nuestra presentación. Ese momento en el que no estás hablando y el público te está mirando, lo único que puedes sentir es cómo estás cayendo en ese precipicio. Pero la realidad es otra: todo lo que has hecho es enfocar la concentración del grupo en ti y en tu charla. Así que no temas a la pausa. Si se usa con precaución y moderación, puede ser la herramienta de comunicación más poderosa para ayudarte a decir algo importante.

## *El Secreto Mejor Guardado para Hablar en Público…*

Cualquier guía para alcanzar el éxito en cualquier iniciativa o proyecto te dirá que no hay una fórmula mágica para lograrlo. Pero en muchos ámbitos de trabajo, parecen haber algunos "secretos internos". Y aceptar el reto de volverse un verdadero orador público es una ambición noble. Pero si pudieras aprender estos secretos internos que marcan la diferencia entre ser un orador bueno y uno excelente, esto te ayudaría a facilitar la transición.

La verdad es que existe un gran secreto sobre qué hace que los oradores que realmente brillan frente a un grupo sean tan geniales. Pero no estamos hablando de magia o algo que puedes tomar como una píldora y una hora más tarde estás listo para salir a deslumbrar a la multitud. Es un proceso muy simple que ya conoces muy bien. Se trata del clásico trabajo y preparación.

Cuanto más te prepares con antelación para una presentación, mejor podrás hablar en público. Ya conoces ese sentimiento de miedo que sientes al hablar frente a una multitud. Bueno, puede que no seas capaz de identificar el verdadero sentimiento que te afecta porque ¿quién puede pensar cuando se está muerto de miedo? Pero muchas veces, esa sensación aparece porque no estás completamente preparado, y no sabes qué hacer o cómo te irá porque la planificación no es tan buena como debería ser.

Si trabajas duro en tu discurso, esto hará toda la diferencia del mundo cuando te levantes para dar la presentación. Primero que nada, asegúrate de que el contenido cumpla con tus estándares. Tu discurso debe ser convincente y fascinante para ti. Y si esa presentación está llena de un material excelente, no sólo te fascina, sino que también estarás ansioso por subir allí y compartir lo que sabes con esa audiencia.

Y ese entusiasmo por hablar es un sentimiento muy refrescante al reemplazar ese terror que sentiste cuando no trabajaste duro con antelación, y así asegurarte de que el material estuviera bien preparado.

Tu público también notará ese gran cambio de actitud. El entusiasmo es algo contagioso, y si te paras frente a ellos, apenas conteniendo tu emoción porque eso que vas a compartir es simplemente genial, estarán igual de ansiosos por escucharlo. Es como cuando alguien te dice: "Hey, ¿quieres saber un secreto?" E inmediatamente te mueres por escuchar ese secreto. Esa es la actitud que reconocerás en tu público cuando subas al podio, quien no sólo está dispuesto sino también entusiasmado, y contarles lo que hay en ese discurso.

Cuanto más estén en tu mente ese discurso y los detalles de la presentación, más confianza tendrás frente a la multitud. Si tienes esa presentación prácticamente memorizada, tan pronto empieces a hablar, observarás más a la audiencia y solo tendrás que echar un vistazo a tu discurso para mantenerte al tanto sobre el siguiente punto a tratar.

Esa es una habilidad impresionante que debes desarrollar, y una gran ventaja al hablar frente a la multitud, porque conoces ese material de memoria y siempre tienes una meta a lo largo de tu presentación.

Tendrás que trabajar bastante para alcanzar ese nivel de confianza en tu material. Ensayar varias veces tu presentación ayuda mucho. Prepara una apertura dinámica que exponga el problema a las mentes de tu público, y luego procede a resolver ese problema.

También conoce a profundidad la línea de navegación de tu presentación, y prepara transiciones de un punto al siguiente. Esto te ayudará a no quedarte atrapado en una parte del discurso y a no tener transiciones incómodas, lo cual provocará nervios en ti y en tus oyentes.

Para finalizar, planea el cierre de tu discurso. Hay una conclusión a la que quieres que llegue tu audiencia. Asegúrate de conocer todos los puntos importantes, y qué partes de tu discurso son "opcionales", que sólo están ahí para ejemplificar o para rellenar tiempo. Así podrás saber qué obviar si el tiempo se agota, y aún así podrás exponer tu punto y hacer un buen cierre.

Si tu discurso tiene un buen contenido, entusiasmo, excelentes puntos para resolver el problema, y un cierre contundente, no solo lograrás sentirte bien al respecto, sino que tu público aplaudirá el trabajo realizado. ¿Y no sería esta una buena forma de terminar la experiencia de hablar en público para ti?

# TODO EN CONJUNTO

Conocer bien los conceptos básicos del miedo a hablar en público puede ayudarte a superar esa ansiedad abrumadora asociada a esta actividad. Es importante determinar qué tan grave es tu condición personal cuando se trata de este miedo. Una vez que hayas comprendido bien tu condición individual, es momento de comenzar a tomar medidas.

Evaluar tus necesidades particulares es un componente importante para alcanzar el éxito. Puede ser que aplicar un enfoque cognitivo funcione de maravilla para ti, o puede que tengas que ir un poco más lejos y buscar ayuda profesional a través de un médico o hipnotizador profesional.

Recuerda que no eres el único con este miedo. Muchas personas experimentan las mismas respuestas emocionales y físicas que tú ante la noción de hablar en público. Hay muchas razones por las que debes tener esto en cuenta al lidiar con este temor en particular. También hay muchas historias inspiradoras que te pueden motivar.

Por último, siempre puedes elegir poner estas teorías en práctica. La práctica de diversas técnicas y enfoques puede ayudarte a superar esos temores. Saber cómo superar el miedo a hablar en público no es suficiente, también necesitas desarrollar un enfoque personal que funcione para ti.

## Miedos y Fobias

El miedo es una respuesta importante y natural ante diversos objetos y situaciones. Como sabemos, esta emoción fundamental es valiosa para la supervivencia. A veces puede parecer que tener miedo a hablar en público es irracional. Sin embargo, la idea principal de enfrentarse solo a una multitud hace que la naturaleza inherente de este miedo sea algo muy razonable.

Una fobia es un miedo irrazonable e incapacitante, que previene que una persona pueda tomar parte en actividades comunes. En algunos casos, la fobia a hablar en público (mejor conocida como glosofobia) puede ser la verdadera razón de los temores abrumadores de una persona.

### *Estableciendo tu Estado Personal*

El miedo puede llegar a ser una emoción tan intrínsecamente poderosa que a veces es difícil determinar si estás sufriendo de solo miedo escénico, o si tienes una condición de glosofobia. Hay varias cosas que puedes considerar para determinar qué tan grave es realmente tu condición.

Si no puedes funcionar normalmente en tus actividades diarias debido a la posibilidad remota de que tengas que hablar en público, es probable que necesites la ayuda de un profesional. Una fobia puede ser tratada efectivamente y es posible que te sorprenda lo efectivo que puede llegar a ser el tratamiento.

### *Evaluando tus Necesidades*

Todos tenemos necesidades diferentes. Nuestros recuerdos y experiencias son únicos, y qué tan grave son nuestros temores puede variar de persona a persona. Lo primero es tratar de dar pequeños pasos visualizándose a sí mismo hablando frente a un público pequeño. ¿Te ves capaz de enfrentar esta situación o te sientes aterrorizado con sólo pensar en ello?

Quizás la hipnosis o la terapia profesional sean una opción más viable para ti. En los casos más severos, algunas personas pueden necesitar medicamentos para tratar la condición. Algunos son capaces de inhibir las respuestas al miedo, ayudando a la persona a enfrentar la situación de manera más efectiva.

Para otros, adoptar un enfoque cognitivo los ayuda a ver la actividad de hablar en público en un nivel racional, en lugar de uno emocional, hace maravillas. Puede ser que trabajar en colaboración con compañeros en una clase o curso de oratoria ofrezca mayores beneficios, o puedes buscar la ayuda de un grupo muy cercano de amigos y familiares.

Como se mencionó antes, Toastmasters International es un recurso ideal de ayuda e inspiración para casi todos los que temen hablar en público. Esta organización se dedica a ayudar a las personas para superar este miedo en particular.

## *Un Problema Universal*

Porque una persona sea valiente, no significa que no siente miedo. Lo que hace a un individuo alguien valiente es su capacidad para enfrentar y superar sus miedos. Pocas personas son inmunes al miedo de hablar en público. Este es un sentimiento natural que debe ser reconocido. Los esfuerzos que realices para tomar control de tu miedo son los elementos que conforman la verdadera valentía.

## *Respuestas Naturales*

Las respuestas físicas y psicológicas al hablar frente a una multitud son completamente naturales. Lo único es que varían mucho de persona a persona. Síntomas como resequedad en la boca, temblar y problemas para respirar son comunes en cierto nivel. Puedes practicar y trabajar mucho para usar estas respuestas de una manera positiva.

Todas las respuestas naturales del cuerpo pueden considerarse fuerzas de energía. Tú puedes aprovechar esa energía y transformarla en una fuerza positiva que facilita tu presentación. Esa energía nerviosa puede ser tu mejor aliado.

## *El Público Está de Tu Lado*

Dado que el miedo a hablar en público es algo en cierta medida heredado, es muy fácil reconocer que el público frente a ti siempre es comprensivo. Casi todos pueden relacionarse con el miedo que sientes. En lugar de ver a la multitud como un obstáculo, trata de verlos como una alianza.

El público está allí por una razón. Hay un propósito válido para tu presentación. Una vez que concentres tu energía en atender las necesidades de ese público y en tu propósito, te olvidarás de tus temores.

Recuerda que la humildad y el humor en la presentación es otro gran enfoque para trabajar frente a un público. Reconoce que ese grupo también comparte tus temores y respetan tu valentía. Volver a ver tu público durante tu presentación es de mucho beneficio.

Tu autopercepción también es una herramienta poderosa. Quienes intenten acercarse a la actividad de hablar en público con la noción de que tienen que ser extraordinariamente talentosos, inteligentes e ingeniosos, probablemente se sentirán agobiados. Piensa en ti mismo como un individuo con un propósito.

Hay una energía que fluye entre el orador y el público. Puedes tomar esas mismas cosas que te ponen nervioso y usarlas en tu beneficio. El mejor enfoque es reconocer que tanto tú como el público están en esto juntos.

# CONCLUSIÓN

Una estrategia para superar esta emoción es redefinir tu autopercepción. No te veas a ti mismo como un orador que para frente a una multitud, sino como una parte integral del público. Eres una extensión del conocimiento y la información que ese público necesita y quiere conocer.

Superar cualquier temor requiere bastante práctica. Diferentes niveles de intensidad exigen diferentes tipos de enfoques. Cada persona es un individuo con experiencias y asociaciones únicas. Lo mejor es conseguir un enfoque individual que funcione para ti.

## *Aplicación Práctica*

No basta con sólo conocer algo. Almacenar información en la parte posterior de tu cerebro no da muchos resultados. Se necesita esfuerzo para poner la teoría en práctica. Una vez que haya decidido qué enfoques probar, el siguiente paso es el esforzarte.

La aplicación práctica de lo que has aprendido puede comenzar con algo tan simple como imaginarse a sí mismo dando un discurso en público. El público puede ser tan pequeño o tan grande como quieras. Esta estrategia es ideal para aquellos que realmente no saben si tienen miedo o fobia.

## *Utilizando Tu Conocimiento*

Tu base de conocimientos debería poder ayudarte a reanalizar la situación. Ya no eres el orador. Las expectativas son realistas y puedes adoptar un enfoque objetivo y cognitivo para la actividad. Pensar así requiere práctica. Ver más allá de las respuestas emocionales es un arte en sí mismo que requiere control y dominio.

Perfecciona tus habilidades preparando un pequeño discurso que contenga una sola idea principal. ¿Eres capaz de exponer ese punto con propósito? ¿Sientes la necesidad de hablar durante cada segundo de la presentación? Da dos pasos atrás y evalúa tu progreso.

Tomar un enfoque objetivo ante una situación de miedo puede necesitar que profundices en el origen de tu miedo. Piensa nuevamente en cómo el cerebro está diseñado automáticamente para responder de cierta manera y tu sistema nervioso hace que tu cuerpo reaccione igual. ¿Eres capaz de reconocer estas respuestas de manera objetiva?

## *Utilizando Tus Recursos*

Una de las mejores cosas que puedes hacer para dar tus primeros pasos hacia la superación de tu miedo escénico es explorar todos los recursos disponibles. Uno de los recursos principales es la organización Toastmasters International. Allí se ofrece una enorme cantidad de información y hay un gran sentido de pertenencia en estos grupos de apoyo.

Amigos, familiares y asociados de confianza también pueden ofrecer apoyo. Es útil saber que estos recursos sean abiertos y honestos en sus reacciones. Así puedes llegar al centro de tu miedo practicando esta actividad en un entorno seguro, rodeado de personas que realmente tienen interés en que alcances el éxito.

Si crees que tu miedo es más parecido a la glosofobia, entonces puedes buscar ayuda profesional. Existen varios recursos que pueden ayudarte a superar la fobia, incluyendo la desensibilización y la terapia de exposición. Algunos casos más graves pueden necesitar medicación.

La hipnosis es una solución atractiva para muchas personas. Este enfoque es particularmente útil para aquellos con más interés en reeducar su cerebro para que responda de manera diferente frente a un público. La hipnosis puede ser vista como una especie de atajo hacia la extinción del miedo.

## **Pasos para Superar Tu Miedo**

Para que empieces a progresar, se necesita establecer un plan de acción. Volvamos al ejemplo de James Earl Jones y su trastorno de habla. Él utilizó algo que le interesaba mucho para convertir su debilidad en una de sus mayores fortalezas. El proceso para superar su tartamudeo requirió una acción considerable y mucha dedicación de su parte.

Usa tus pasiones para superar tu miedo. Si te sientes muy atraído por un tema en específico, comienza tu práctica mediante este tema. Al principio, mantén dentro del ámbito de tus intereses. A medida que progreses, podrás dar presentaciones que tengan tanto propósito como interés, sin importar de qué traten.

## *Práctica Reflexiva*

La práctica viene en muchas formas. Tal vez quieres recitar tu poema favorito en voz alta y en un lugar retirado. Quizás tengas planeada una presentación relacionada con tu carrera profesional. Sin importar de qué se trate, tú enfoque debe ser centrarte en el mensaje en lugar de la presentación.

La práctica reflexiva implica un uso intencionado de tu energía nerviosa. Esto quiere decir que puedes sacar provecho a tu ansiedad. Practicar con un pensamiento intencionado y combinando técnicas efectivas de relajación, te dará excelentes resultados.

## *Técnicas de Relajación*

Siempre necesitas un poco de estrés, en especial cuando se trata de dar un discurso. La preocupación primordial es cómo nos afecta ese estrés. Las técnicas de relajación son bastante personales, y varían de un individuo a otro. Tu enfoque específico debe estar diseñado para crear un equilibrio entre tu ansiedad y una forma de hablar efectiva.

Enfoques tradicionales incluyen técnicas como imaginar al público desnudo. Lo único que esto hace quitar importancia al grupo. Quizás sea mejor visualizar al público como un grupo de personas que necesitan información, y tu función es simplemente exponer el mensaje de manera eficaz.

## *Familiarizarse con el Proceso*

Familiarizarse con el proceso es un aspecto muy importante para lograr el éxito. El viejo proverbio "la práctica hace al maestro" tiene validez en el ámbito de la oratoria. Utilizar tu base de conocimientos y recursos puede llevarte muy lejos en tu esfuerzo.

Piensa en la primera vez que intentaste alguna actividad. Hay momentos en que la actividad se culmina con tanta facilidad que parece haberse hecho sin esfuerzo alguno. Otras veces, luchaste una y otra vez hasta alcanzar el éxito. En la mayoría de los casos, fuiste capaz de dominar las tareas, ya fuera que requerían un gran esfuerzo o fueran fáciles de aprender para ti.

Es importante recordar que el resultado siempre es el mismo en cada situación. Al igual que muchos, tú también puedes superar tu miedo a hablar en público. La única diferencia entre un orador con talento natural y tú es el tiempo que toma alcanzar la meta.

www.ingramcontent.com/pod-product-compliance
Lightning Source LLC
Chambersburg PA
CBHW052204110526
44591CB00012B/2075